神戸大学大学院
経営学研究科教授
原田勉
Harada Tsutomu

戦略書としての老子

Laozi: The Book of Strategy for Business

ビジネスという戦場の攻略法

東洋経済新報社

はじめに

本書では「老子道徳経」を題材とし、その教えをいかにしてビジネスのなかで生かすことができるのかについて解説している。

老子と聞けば、何も積極的な行動をせず、無為自然のままに隠遁生活を送るというイメージをもたれる方が多いだろう。しかし、老子のなかには「天下を取る」「天下を治める」という言葉が複数出ており、いわば政治家がいかに天下を取り、国を治めるべきかを述べている箇所が多い。それは、決して消極的な隠遁生活を語っているのではない。

老子の主張をマネジメントに翻訳するならば、それは「セルフマネジメント」になる。自分で自分の仕事をコントロールし、管理していくことであり、他人の仕事については他人に任せる。つまり、自分のみならず他人に対しても、セルフマネジメントを追求していくことが老子の教えのポイントになる。

ピーター・ドラッカーもまたセルフマネジメントを重視しており、実は老子の教えとドラッカーのマネジメント論はかなり共通するところが多い。老子はドラッカーのマネジメント論の先駆けともいえる。

老子の主張から、経営スタイルのランク付けを行うこともできる。詳しくは本書の第九計を見ていただきたいが、それは次のようになる。

第1位　セルフマネジメント型経営
第2位　リーダーシップ型経営
第3位　ルール型経営
第4位　派閥型経営

多くの企業は第3位のルール型経営、すなわち、マニュアルや規則、ルールを重視した経営を行っているのではないだろうか。第2位はカリスマ的なリーダーシップによって主導されている経営になる。危機を脱出し、V字回復を遂げた企業などはこれに該当するだろう。

しかし、老子が最も重視するのはセルフマネジメント型経営であり、階層を可能なかぎり否定し、ルールや規則も撤廃する。老子の有名な言葉「天網恢恢疎《てんもうかいかいそ》にして漏らさず」とは、罪人を刑罰で罰するのではなく、天に任せておけば天が自然に処理してくれるという意味だ。これは罰則不要論であり、違反者がいたとしてもそれを取り締まるルールやそのための監視は不要になる。これはまさにセルフマネジメントを徹底することを意味する。

しかし、このように言ってしまうと、果たしてそんなことは可能なのか、やはりルールがないと組織は機能しないのではないか、と疑問をもたれるかもしれない。これは確かに一理ある。しかし、老子は必ずしも非現実的なことを主張しているのではない。ルールや規則がなくても、自然の勢いをうまく活用できれば、組織の秩序は保たれ、組織の勢い自体を増していくことができるというのが老子の基本的な考え方になる。人為的なルールではなく、自然の勢いに任せること、これが無為自然の意味するところである。

老子の教えは深く、完全に理解することは難しい。しかし、その教えをビジネスとして活用するためには、これだけは覚えておいてほしい。それは、次の5つの要諦である。

1　優れたリーダーは何もしない！

2　目指す方向の逆を行く！

3　成功する人は徹底的に手を抜く！

4　やさしいことだけ手を付ける！

5　組織のグリップを手放す！

優れたリーダーに求められるのは、「何もしない」ということになる。それだけではない。目指す方向とは「逆に進み」、徹底的に「手を抜く」。大きなこと、難しいことを避け、「小さなこと、やさしいこと」のみ行い、組織のグリップを「手放す」。このようなことで効率的な経営を実現していく。これが老子版マネジメント理論になる（本書では、11の要諦を解説しているが、それをさらに絞り込むとこの5つになる）。ドラッカーもここまで過激な主張はしていない。

しかし、これらの主張は決して夢物語でも机上の空論でもなく、まさしく多くの優れた企業や優れたリーダー（老子の言葉では聖人）が実践していることでもある。本書のミッションは、懐疑的な読者の方々に対し、いくつかの実例を示しつつ、これらの主張を納得してもらうことにある。

この5つの要諦は、誰にでも実践可能なことではないだろうか。ギリシャ神話に出てくる英雄のような超人的力技を求めているわけではない。老子の聖人とは、このような誰にでもできることが実践できる人物であり、そのような人物こそが、真のリーダーに求められる。

もし、このような老子の聖人像に関心をもたれ、自分も実践してみたいと思われたならば、是非とも本書を手に取っていただきたい。

ここでリーダーという言葉を使っているけれども、セルフマネジメントにおいては、すべての人がリーダーになる。そのため、本書で述べるリーダー像は読者一人ひとりに適用される。老子の説く5つの要諦やそのリーダー像に納得されれば、本書の役割は果たせたことになるだろう。

老子とは何者か？

では、この「老子道徳経」の作者、老子とはいったいどのような人物なのだろうか。

これについては実は謎に包まれている。果たして老子なる人物が実在したのかもわかっていない。唯一の根拠が司馬遷の「史記」にある記述であり、それによると老子は楚（湖北省）の人であり、姓が李、本名が耳、字が伯陽または聃であり、老聃《ろうたん》と呼ばれる。老聃は首都、洛陽にある周王の朝廷に仕え、その守蔵（図書館）の史（図書館長）を務めていた。孔子は30歳の頃、洛陽に老聃を訪ね、礼法について教えを受けたという。これによると老子は孔子よりも年長者ということになる。

老聃は周の国勢が衰えるのを感じ、隠遁を決意して洛陽を去った。函谷関を過ぎるとき、関守であった尹喜《いんき》と出会い、尹喜は老聃がただならぬ人物だと直観し、その教えを書き残すように無理強いした。老聃はやむなく5000字余りの語を残し立ち去った。その後のかれの消息は不明である。「史記」は次のように記している。

「その終わる所を知るものなし」

ただし、これはあくまでも作り話であり、現在ではこの話を信じている人はいない。「老子道徳経」の作者は誰なのか、それが成立した時期はいつなのかは、近年、中国でいくつかの資料が発見され（馬王堆帛書、郭店楚簡、北京大学竹簡など）、かなり謎は解明されつつある。しかし、わからないことはまだまだ多い。

けれども、本書にとっては作者である老子がどのような人物であったか、老子の成立時期がいつ頃なのかは実はあまり重要ではない。それよりも、老子の教えを理解し、それが現在の私たちにとってどのような意味合いをもつのか。本書では、こちらのほうに関心をもつ。

本書の特徴

本書は老子に関心をもち、それをマネジメントに実践で生かしたいと考えているビジネスパーソンや、老子などの東洋思想に関心があり、人生に役立てたいと思っている一般読者を主な対象にしている。

従来の老子の学術的注釈書は、老子解釈に特化したものであり、現実でどう役立てるかには関心が払われてこなかった。一方、老子を人生論、経営論としてまとめた類書も多く存在している。しかし、それらは老子のキーワード「無為」の解釈が曖昧であるため、整合的な解釈が私の知るかぎり提示されていない。そのため、実践の指針もいま一つ抽象的であり、老子の書物全体の主張とも必ずしも相容れないものになっている。

本書の類書にない特徴は、無為を「無の働き」、具体的には「勢い」と解釈している点にある。これにより、「無為にしたがう」「無為にして為さざるなし」を「勢いにしたがう」「勢いにしたがうことで大きなことができる」と整合的に解釈することができる。この点が本書のユニークなところになる。

もっとも、この解釈は私のオリジナルではなく、老子の影響を強く受けている「孫子」ですでに示されているものにすぎない。本書は、老子と孫子の共通点に着目し、老子の解釈を孫子で補足しながら進めている。これによって、老子の詩的で抽象的な言葉がより現実的に理解できるようになっているものと思われる。

ただし、本書では、老子の教えを軍事ではなく、可能なかぎりマネジメントとして解釈し、それに該当すると思われる現実の実例を多く例示している。しかし、それでもまだ抽象度は残るかもしれない。その場合は、是非ともご自身で工夫し、現実に応用していただければ幸いである。

なお、本書のもともとの原稿は、「老子道徳経」の大半を取り上げ、原文、書き下し文、すべての文の解釈を記載し、過去の注釈書の主要な解釈をレビューしつつ学術的な考察もかなり詳細に行ったものだった。私自身はそれをそのまま出版したかったのだが、念のため、神戸大学ＭＢＡコースに在籍するビジネスパーソン数名に原稿を読んでもらうことにした。すると、内容がかなり難解で、特に老子の学術的解説のところを読み通すのがつらかったという感想が聞かれた。

かれらのコメントを踏まえ、わかりやすくするために、引用する老子の章を絞り込み、各章についてもすべてを掲載するのではなく、議論に関連する部分だけを引用し、その現代語訳のみを載せることにした。また、専門的な解説部分は極力少なくし、それに代わりビジネスの事例をできるだけ挿入するようにし、表現もやわらかいものに差し替えた。

その結果、完成したのが本書であり、最初の原稿とは、体裁は大いに異なるものになった。しかし、こちらのほうが一般読者にとって格段にわかりやすくなっているものと確信している。もし、「老子道徳経」の原文や書き下し文にご関心がある場合には、書籍でもネットでも調べることができるので、そちらを参照していただければ幸いである。

２０２５年２月

原田　勉

『戦略書としての老子』目次

はじめに　3

第一部　ビジネスの戦略書として『老子』を読む

第一計　優れたリーダーは何もしない！
――余白の効力

項羽が敗れたたった1つの戦い　24
老子が説く聖人は「陰に隠れた」存在　25
無のなかに無尽蔵の可能性が秘められている　29
「邪魔をしない」ことで他者の行動を促す　32
家は空間があるから居住できる　34

部下にしたがうのが最善である 37
ドラッカーが説く真のリーダーシップ 41
【第一計で学ぶ老子の教え】 44

第二計 強者は弱者に勝てない！ ——柔弱の効力

争わないが故に負けることがない 48
「顧客満足くそくらえ」で黒字化 50
柔弱なところにあらゆるものが集まる 53
強剛ではなく柔弱が部下の信頼を獲得する 56
柔弱であることの難しさ 59
柔弱組織のマネジメント 62
老子の聖人が行う「無形の戦略」とは何か？ 64
【第二計で学ぶ老子の教え】 67

第三計 形で勢いを生み出す！
――静かなるプロセス
発想の源泉――ピカソが見た眺望 72
あらゆるものは静かなるプロセスから生まれる 74
転がる球の勢いを増すことがリーダーの仕事 76
禍福はあざなえる縄のごとし 80
静かなるプロセスを振り子運動で考える 82
決断が早いリーダーは振り子運動を意識している 88
【第三計で学ぶ老子の教え】 91
第四計 目指す方向の逆を行く！
――賢者の選択
満たされることを望まない 96
木は曲がることで長寿を全うする 99
「強」を実現したければ「弱」の方向に進め 103

老子が説く決断の基軸 105
出頭するか逃げるか、賢者の選択は？ 110
「和して同ぜず」のビジネス成功事例 113
【第四計で学ぶ老子の教え】 115

第五計 成功する人は徹底的に手を抜く！
――過少の効果

サービス精神が旺盛なほど顧客は離れていく 120
過少の効果――始点から底までの戦略 124
成功の呪いからいかに脱却するか？ 127
戦略的手抜きの2つのタイプ 130
「足るを知る者は富む」のビジネス解釈 132
女性登録者が少ないのに好業績のマッチングサイト 135
【第五計で学ぶ老子の教え】 139

第六計　成功を手放さない者は身を滅ぼす！

——過剰の逆効果

武田信玄の七分勝ち　142
過剰の逆効果——底から終点までの戦略　144
腹を為して目を為さず　147
なぜ高い知性をもった経営者が失敗するのか？　149
賢者を尊重すれば無益な争いが起こる　151
凡人のリーダーは仕事に燃え尽きる　154
【第六計で学ぶ老子の教え】　157

第七計　学ばずして本質を見抜く！

——創造の起点

創造にセンスは必要か？　162
直覚でビジネスの萌芽を読み解く　165
思い込みから自由な人材を尊重する　168

学問を積み重ねるほど凡人になる？ 172
顧客の潜在ニーズはひらめくもの 177
兆しでの対応は最小努力で最大効果を発揮する 181
ジャムの法則――過剰な情報は判断を狂わせる 185
【第七計で学ぶ老子の教え】 186

第八計 やさしいことだけ手を付ける！
――創造の要諦

ギリシャ神話の英雄、老子の聖人 192
自分の強みにレバレッジを効かせる 196
人が軽蔑し無視することから学ぶ 197
なぜ洞察なき創造は失敗するのか？ 201
老子の三宝――慈、倹、天下の先とならず 204
【第八計で学ぶ老子の教え】 205

第九計　組織のグリップを手放す！
——無為の経営

老子が説くマネジメントのランキング　210
職位ではなく、役割に対して権限を与える　214
天下統一に貢献した曹参が日夜したこと　217
本社ビルの完成は組織の終息を意味する　219
釜ゆでの刑は廃止すべきか？　222
何が成功で何が失敗かは事前にはわからない　223
ルールをあえて破る　226
【第九計で学ぶ老子の教え】　229

第十計　優れたリーダーは柔にとどまる！
——上柔・下剛

ルールよりも常識を重視する　234
上柔・下剛——臨機応変に対応する組織　239

大制不割——一人が複数の役割を担う　245
優れたリーダーはルーティンを進化させる　248
【第十計で学ぶ老子の教え】　254

第十一計　下流から人を動かす！——人心掌握の極意

馬に水を飲ませたいなら喉を渇かせればよい　258
「小魚を煮る」ように治める　264
小国寡民——理想的な組織マネジメント　268
組織掌握の要諦　273
【第十一計で学ぶ老子の教え】　274

第二部　ケース問題で老子の教えをビジネスで実践する

ケース問題1
組織をいかに活性化させるか？
従業員の生活の質を改善して生産性アップ　281
勢いの邪魔をするものを取り除く　282
優れたリーダーは何もしない　286

ケース問題2
組織をいかに再生させるか？
過剰な状態を最適な水準に戻す　293
守りから攻めへと転じる条件　294
優れたリーダーは目指す方向と反対側に行く　297

ケース問題3
さらに業績を伸ばすには？
勝利の方程式に従う　302
プラットフォームを構築する　306
ルーティンを設定する　309
優れたリーダーは手を抜く　313

ケース問題4 新規事業をいかに始めるか？
小さな実験によるピボットを繰り返す 318
シンプルなアイデアから出発する 320
優れたリーダーはやさしいことしかしない 323
ケース問題5 自律的に動く組織を作るには？
プラットフォームにトッピングを加える 328
幸運は準備された心に宿る 330
優れたリーダーは組織のグリップを手放す 334
おわりに 337

第一部　ビジネスの戦略書として『老子』を読む

第一計

優れたリーダーは何もしない！

――余白の効力

天地《てんち》は仁《じん》ならず【天地不仁】

この天地の間は、鞴《ふいご》のようなものである。その中は空であるが、取手を押せばいくらでも風が出てくるように、天地は無限に万物を生み出す。

項羽が敗れたたった1つの戦い

いまのような先が見えない時代に、優れたリーダーがすべきことは何だろうか。組織を刷新する。新規事業に挑む。積極的に現場にかかわる。このようなリーダーをイメージするかもしれない。一言で表現すれば「率先垂範のリーダー」だろう。

中国古典を学ぼうという勉強熱心で意欲的な経営者やリーダーほど、何かをしなければならないと考えているのではないだろうか。自ら率先して動き、現場を動かしていく。このようなリーダーとして代表的なのが、ナポレオン、源義経、項羽《こうう》であろう。かれらはまさに率先垂範のリーダーであり、戦場では無類の強さを誇った。

たとえば、項羽は劉邦《りゅうほう》と覇権を争った楚漢《そかん》戦争では連戦連勝であり、彭城《ほうじょう》の戦いでは劉邦率いる56万の漢連合軍に対し、わずか3万の軍勢で勝利し、漢連合軍は解散へと追い込まれている。

しかし、項羽が敗れたたった1つの戦いが、「四面楚歌《しめんそか》」で有名な垓下《がいか》の戦いであり、楚軍の多くが劉邦陣営に寝返り、かれらは楚の歌を歌いながら楚軍を包囲し、項羽は命を落とすことになった。

項羽やナポレオン、義経は軍事的天才であり、自ら前線で戦い、勝利し続けた。しかし、逆に言えば、かれらが関与していないところでは勝つことができなかった。最終的には部下や同盟国の離反を招き、局地戦で勝利するものの大局的には敗北することになった。

ここからわかるのは、次のことだ。

「率先垂範のリーダーは最終的には失敗する」

ドラッカーもまた、このようなカリスマ的リーダーには懐疑的であった。かれは次のように述べている。

「成果をあげるには、近頃の意味でのリーダーである必要はない。ハリー・トルーマン大統領にはカリスマ性はかけらもなかった。それでいながら史上最高の大統領の一人だった。私がこれまでの65年間コンサルタントとして出会ったＣＥＯ（最高経営責任者）のほとんどが、いわゆるリーダータイプでない人だった(1)」

老子が説く聖人は「陰に隠れた」存在

では、優れたリーダーやリーダーは何をすべきなのか。そのヒントになるのが、本書で解説する「老子」の教えだ。

老子の説く聖人（ビジネスで言えば、優れたリーダー）とは、率先垂範のリーダーではない。聖人は、率先垂範のリーダーではなく、自らは後方に控え、前面に出ることはない。老子は理想のリーダーをこのように言っている。

太上《たいじょう》は下《しも》これ有《あ》るを知《し》る【太上下知有之】

太古の世では、下々の民は君主の存在を知っているだけであった。……君主が悠然として口出ししなければ、功績を上げ、事を完遂し、民は「自分たちは自然にこうなっている」と言うのである。


ここからわかるように、老子のリーダーはいわば英雄やヒーローではなく、どちらかと言えば、「陰に隠れた」存在だ。

明確な指示を出すこともなく、下の者はその存在を知っているだけにすぎない。しかし、それでも自然に成果を上げることができる。義経のように前線で活躍して信望を厚くするのではなく、御恩と奉公で御家人との信頼関係を築き、現場のことは現場に任せる頼朝のほうが老子の聖人に近いと言えるだろう。つまり、

「老子の聖人は何もしない。何もしなくても部下が結果を出す」

実際に会社を経営されている方は、それが理想かもしれないが、何もしないで部下が自主的に動き出すことは現実的ではないと思われるかもしれない。

老子の教えでは、「何もしないで結果を出す」ためには重要な条件がある。その条件とは、「無為にしたがう」ことだ。

「無為にしたがう」かぎり、何もしないほうがよい。老子の教えをビジネスに生かすためには、まずはこの条件について理解しておかなければならない。

たとえば、老子の有名な教えに、「道は常に無為にして、而も為さざる無し」がある。無為であることによってあらゆることを為すことができるという意味だ。非常に逆説的な表現であり、その分、インパクトはあるものの、これを解釈することは難しい。

道《みち》は常《つね》に無為《むい》【道常無爲】

道は常に無為であり、無にして為さざるところがない。人の上に立つ君主がこれをよく守れば、万物は自生していくだろう。

無為とは「為《な》す無《な》し」と訓読すれば、それは「何もしない」ことを意味する。

しかし、何らかの行動がなければ、何事も実現しないのではないか。そのような疑問が生じるかもしれない。

老子の注釈書では、無為を不作為として解釈しているものは少なく、「人為的でない行為」といった否定による定義（〜でないもの）の体裁をとっているものが多い[2]。ただし、「人為的でない行為」とはどのようなものを指すのかについては明確に定義されていない。

私も老子を読み始めた頃、この無為をうまく解釈することができず、途中で投げ出したことがあった。しかし、偶然、老子研究家である伊福部氏の著書に触れる機会があり、かれは「無為」の無を主語としてとらえ、「無が為す」、すなわち、「無の働き」として解釈していた[3]。

これは目から鱗であり、すると老子の教えの大半が論理的に説明できるようになった。たとえば「無為にして為さざる無し」とは、「無の働きにしたがえば何事でも為すことができる」という意味になる。これはもはや逆説的な表現ではなく、ただ無の働きの偉大さを称揚しているものとして理解することができる。

おそらく老子の教えをただ理解するだけであればこれで十分かもしれない。しかし、その教えを実践に役立てようとするなら、次に、「無の働き」とはいったい何なのかがさらに問われなければならない。この点を明らかにしていくために、まず老子の「無」について検討しておくことにしよう。

ここからは、やや抽象的な話が多くなるが、老子を理解するために基本となる重要なことなので読んでもらいたい。一度で理解できなくて大丈夫だ。本書ではページを追うごとに、老子の教えをビジネスに活用するための具体的な話に展開していく。本書を読み終わった後にここを再読すると、老子の本質である「無」への理解が深まるだろう。

無のなかに無尽蔵の可能性が秘められている

禅の言葉に「無《む》一物《いちもつ》中《ちゅう》無《む》尽蔵《じんぞう》」がある。この言葉は、

「無のなかに無尽蔵の可能性が秘められている」

という意味だ。

この言葉を座右の銘にしている経営者も多いのではないだろうか。老子の「無」もこれに近い。というよりも、禅の無の源流はこの老子の無にある。(4)

道《みち》の道《みち》たるべきは【道可道】

世にいう道は、常（本当）の道ではない。世にいう名は、常の名ではない。天地の始めを無と名づけ、

万物の母を有と名づける。常の無が有を生み出す働き「妙」、常の有が無に戻る働き「徼」を観る必要がある。この両者は同じところから出たものであり、働く場所によって呼び名が異なっているにすぎない。これを合わせて「玄」という。この「玄の又玄」なるところから、すべてが出てくるのである。

老子の「無」とは、何もない、すなわち不在という意味ではない。それは「万物の根源」という意味であり、そこにはすべてが含まれている。

たとえば、木の種をイメージしてもらえばよい。種のなかにはまだ木の幹や根、葉や花が現れていない。しかし、すべては遺伝子情報としてそこに含まれている。この種から芽が出て木へと生長していく。この種に該当するのが「無」であり、そこから発生した木全体が「有」であり、「万物」となる。

老子は万物の根源を「道」とも呼んでいる。これは「無」と同義語になる。[5] この万物の根源から生じる働きのことが無為であり、たとえば、「無為にしたがう」とは、「この無の働きに順応する」ことを意味する。老子はこの道や無のイメージとして谷を取り上げる。

谷神《こくしん》は死《し》せず【谷神不死】

谷神は永遠に不死であり、これを「玄牝《げんぴん》」という。この門は天地の根である。あらゆるものを生み続け

て止むことがなく、疲れるということもない。

谷とは天地の根であり、川はすべて谷へと流れつくとともに、そこから万物が発生する。おそらく古代では、谷からあらゆるものが生み出されると信じられていたのかもしれない。老子が無に対してもつイメージはこの谷であり、かれはこれを「谷神」と呼び、その創造的働きを「玄牝」と名付けている。おそらく女性の出産をイメージしているのだろう。

一休禅師の和歌に次のようなものがある。

雨あられ　雪や氷と　へだつらん　とくれば同じ　谷川の水

「雨やあられ、雪、氷など見た目や形は異なるものの、溶けてしまうと同じ谷川の水になる」という意味になる。

大乗仏教の古典『大乗起信論』の体相用の三大説によると、体とは本体、相は姿・形、用は作用・働きを指す。この和歌の体とは谷川の「水」である。

雨やあられ、雪、氷は相や用は異なっていても、その本体は水であり、ただ様態（固体、気体、液体）が異なった形や働きとして現れているにすぎない。この歌は1つの本体が異なった姿、形で展開していることを主張している。

老子の道や無とは、この水に該当する。

この水の相や用の側面が万物であり、無から万物が生まれるとは、水や氷として姿を現すことを指す。あるいは、花の種が道や無に相当し、その種から芽が出て草木と生長し花を咲かせる。後者が万物であり、それは無としての種が多様な姿として展開しているのである。

「邪魔をしない」ことで他者の行動を促す

この無為にしたがうためには、具体的にどのようにすればよいのだろうか。その基本となる行為は、「何もしない」ことになる。

老子によると、この「何もしない」ことが実は無為にしたがうことになる。ここで鍵となるのが「勢い」だ。「何もしない」ことで「勢い」を強化していくことが無為にしたがう、すなわち、無の働きにしたがうことになる。

その理由については、第三計で「無為のプロセス」の詳細について説明するなかで明らかになるだろう。ただいまの段階では、「勢いを強化することが無為にしたがう」

ことであると理解しておいてもらいたい。

この「何もしない」ことがもたらす効力を「無の効力」と呼ぶことにする。これは、自分は「何もしない」ことにより、他の者の行動、特にその勢いに対して大きな影響、効果を及ぼすことを指す。

より具体的には、他者の自律性を尊重し、その邪魔をしないことで勢いを増す。さらに、磁石のように本人は何もしないけれども、その存在が他者を突き動かすこともあり得る。

このような効力を発揮するためには、適切な「形」を構築することが必要となる。

老子からこの無の効力を抽出すれば、次の2つのタイプを識別することができる。

① 余白の効力——空間の効用
② 柔弱の効力——水の効用

老子のなかでは、余白の効力は「空間」、柔弱の効力は「水」を例として説明されている。それらを比喩的に表現するならば、空間の効用、水の効用、ということになるだろうか。ただし、これはあくまでも比喩であり、空間や水が老子の主張する本来の無や道そのものであるわけではない点に注意してもらいたい。

余白の効力の「余白」とは、書画でいえば文字通り何も塗られていない部分であり、「余白の美」という言葉があるように、この余白があるからこそ、そこに描かれている書や絵の美しさが引き立つ。

余白とは、自己主張せず、他者の自由な活動を妨げないことを指す。それだけでなく、余白の効力は、他者の勢いを際立たせるものと解釈することができるだろう。

家は空間があるから居住できる

余白の効力は、次の老子の教えを読むと理解が深まるだろう。

三十《さんじゅう》の輻《ふく》【三十輻】

車の輪は三十本の輻が一つの轂《こしき》に集っている。車がその用をなすのは、轂の中心に空の部分があるからである。土をこねてつくった器がその用をなすのは、空の部分があるからである。戸口や窓をくり抜き作った家がその用をなすのは、空の空間があるからである。したがって、すべての形ある有の効用は、この無の用があるためである。

車の車輪には30本の輻、つまりスポークがあり、それらは中心である轂、自転車でいえばハブの部分に集まっている。このハブに空の部分があるから30本のスポークをそこに収めることができ、車として機能することができる。

茶碗も空の部分があるから、そこにご飯などを盛ることができる。

家も空間があるから、そこに居住することができる。

ここでいう「無の用」とは、空であること、何もないことの効用、すなわち余白の効力を意味する。

空間について考えてみよう。空間として存在しているのは宇宙空間ただ1つであり、たとえば、部屋の空間とその外の空間が別物であるわけではない。あたかも空間は分かれているように見えるけれども、実在するのはただ1つの空間だ。

また、空間はどこにでもあり、空間でない場所はない。家の空間を取り上げると、家のなかで家の空間でない場所は存在しない。同様に、地球のなかで地球の空間ではない場所はない。

無は、空間のように分割することができずどこにでも存在している。それは万物の根源であり、無から生じた有は、無によって支えられている。無であるからこそ、あらゆるものがそこから生じることができる。もし無に形があったり、空間的に限定されていたならば、万物は多様な形をとることができない(6)。

たとえば、白色で平滑なキャンバスがあるからこそ、そこにあらゆる色彩の絵を描くことができる。キャンバスの表面に凸凹があるとそれは絵を邪魔してしまうことになる。ルネサンス美術では、キャンバスの平面を削るなど表面が平滑になるように準備し、理想的なキャンバスは絵の邪魔をしないものであった。

映画のスクリーンでも同様であり、スクリーンに色や模様があれば、映像を正確に反映することができない。万物の根源である無は、キャンバスやスクリーン以上に控え目で他のものに制約を課すものではない。

したがって、無とはあらゆるもののなかで、最も控え目で遠慮深い存在であるといえるだろう。

ビジネスの現場でも同じである。部下が自らの意思で動き出すことができるのも「余白の効力」があるからだ。つまり、リーダーが最も控え目で遠慮深い存在に徹することが求められる。遠慮深いからこそ現場に対して不介入であり、不介入であるからこそ部下たちは自ら行動していくことができる。

もちろん、無から、働き、勢いというものは生じている。しかし、その勢い以外の命令や介入はない。その意味で不介入であり、その不介入が部下たちのそれぞれの特性や直面する勢いに合わせた自律的な展開を可能にするのだ。

部下にしたがうのが最善である

実際、老子は道の中身は「冲《ちゅう》」、すなわち空っぽであると指摘している。

道《みち》は冲《むな》しきも【道冲】

道はその中身は「冲」（空）であるが、その用は無尽である。それは深い淵のようであり、そこから万物が湧き出てくる。自らの鋭さを決してあらわさず、すべての争いの源を解く。自らの光を和らげてすべての塵《ちり》と同じくする（和光同塵）。それは微かで茫々《ぼうぼう》としている。私は道がどこから生じたのか知らない。それはこの天地の主宰者よりもさらに先から存在するものである。

空ではあるがそこには万物の根源があり潜在的勢いがある。それはすでに述べた植物の種のようなものであり、まだ花はそこに存在しないものの、花が咲くために必要なものは種のなかに含まれている。この種のように道から万物が発生する。もちろん、道には潜在的勢いが潜伏している。それは種に生命力が備わっているのと同じだ。

この潜在的な「無（道）」の段階では、その無は自らの鋭さを挫《くじ》き、その正体を明らかにすることはない。その光を和らげ、周りの塵と同化している。

これを「和光同塵」と呼ぶ。

この言葉は仏教では仏が衆生《しゅじょう》を救うために姿を変えて世間に現れ、本来の知徳の光を隠し、汚れた俗世に身を現す意味で使われている。しかし、この言葉の原典は老子のこの箇所にあり、そこでは菩薩《ぼさつ》ではなく「無のあり方」を示している点で異なる。

つまり、和光同塵とは、無の無差別な状況を意味する。無の段階では何も形が現れていないため無形であり、すべては未分化で一体となっている。そこでは個々の構成要素を識別することはできない。植物の種の段階で、芽や花や木は未分化であり、それらを識別できないのと同じだ。したがって、

「無または道は、五感で知覚することができない」

そのため、和光同塵である無は、そこから発生した万物の邪魔をすることもない。無から生じた万物は、無から潜在的勢いや何らかの特性を与えられるものの、発生後の展開は自律的なものであり、無によって邪魔されることはない。

それは、植物の花が種によって邪魔されることはないのと同じだ。

その意味で無や道は消極的であり、陰に隠れる隠遁《いんとん》者のような役割を果たす。しかし、だからこそ、自律的なプロセスの展開を可能にしているともいえる。

したがって、和光同塵とは道を知覚することができず、なおかつ、「無（道）は、そこから展開する万物の邪魔をしない」ことを意味する。このことを「道法自然」（老子「有物混成」）ともいう。これは「道は自然に法《のっと》る」と読む。

ここでいう「自然」とは万物を指し、言い換えると「道は万物にしたがう」ことになる。つまり、万物は道から発生したものの、その後の展開は自律的、自然（自ずから然り）なものであり、道はただその展開を見守るしかない(7)。

それは指示を出した経営者やリーダーがその後の細かいフォローや追加指示を出すことなく、ただ事後的に報告されることを事後承諾しているだけの状況に近いだろう。この道法自然が意味するのが、次のメッセージだ。

「事態がうまく回っているときは、リーダーは部下にしたがうのが最善である」

余白の効力を組織で適用するのであれば、それは、権限委譲、セルフマネジメント、目標管理などが該当する。従業員一人ひとりの創造性、自律性を求めるのであれば、余白の効力が必要になる。

しかし、リーダーの立場になれば、なかなか部下に任せることができず、どうしても口を出してしまうことになる。というのも、リーダーは部下に任せるよりも自ら仕事をしたほうが効率が良いと思うからだ。

その結果、部下は育たず、リーダーの目の届く範囲では業務は順調に遂行できても、それ以外のところで問題が生じる結果になるかもしれない。これはナポレオン、義経、項羽が踏んだ轍《てつ》でもある。

余白の効力の対極に位置するのがマイクロマネジメントになる。もちろん、部下の自律性よりも正確性、再現性、画一性を求めるのであれば、このようなマイクロマネジメントもある程度は必要なのかもしれない。

しかし、確実にいえるのは、余白の効力がなければ、不測の事態に対応することはできないということだ。禅籍『碧巌録《へきがんろく》』第三則に、

「大用現前、軌則を存せず」というものがある。

「大きな働きの前では規則などにはとらわれない」という意味だ。

老子でいえば、人為的に設定した規則ではなく、無の働きである無為に順応しなければならない。そのためには余白が必要になる。

ドラッカーが説く真のリーダーシップ

したがって、「完全に任せる場合」と「細かく指導する場合」との適切な棲み分けがポイントになる。

老子の教えは、対立する両極端の一方を排除したり、玉虫色に妥協することを推奨しない。それよりも、状況に応じて両極端を使い分けることを称賛する。その際、「両極端のうちどちらの立場に立てば組織の勢いが強くなるのか」を考慮に入れる必要がある。

天地《てんち》は仁《じん》ならず【天地不仁】

この天地の間は、鞴《ふいご》のようなものである。その中は空であるが、取手を押せばいくらでも風が出てくるように、天地は無限に万物を生み出す。これを言葉で言い尽くすことはできない。黙って中（空）の働きを守っていくに越したことはない。

天地の根源としての無は、昔の送風装置である「鞴」のようなものになる。これはピストンをイメージすればよい。ピストンの空気を圧縮することでそこから空気が外に出るこ

とになる。それは中身が空っぽであり空気の流れを妨げるものがないからこのようなことが可能になる。

轂《こしき》や茶碗、部屋と同じく、ピストンの中身もまた空っぽであり、他のものの運動を邪魔しない。ただ他の事例以上にピストンの例が顕著に示すのが、他のものの勢いを助長する働きを担っているという点だ。ピストンからは強い勢いで空気が排出される。

したがって、余白の効力は、

①他者の邪魔をしない
②邪魔をしないことで他の勢いを促進する

という2つの機能から構成されることがわかる。

実は、ピーター・ドラッカーが推奨するマネジメントとは、この余白の機能にほかならない。ドラッカーは、マネジメントの手法として、①権限委譲、②目標管理制度（MBO）、③セルフマネジメント、を強調する。

これらはすべてマネジャーが部下を直接管理することを回避したものだ。

部下に仕事を任せ、自らでその仕事を管理していくように仕向ける。それが権限委譲や目標管理制度であり、セルフマネジメントになる。マネジャーは部下の一挙手一投足を監視する必要はない。部下とミッションや目標について合意できれば、あとは全面的に任せるしかない。

この場合、余白の効果を生み出す「形」に該当するのが、権限委譲や目標管理制度になる。この「形」の下で、マネジャーは部下の仕事に介入することなく、部下の自律的な仕事の進展を黙認し、それにしたがう。

マネジャーがすべきなのは、部下の自律性を促進する働きかけだ。具体的には、ミッションの意義を繰り返し説き続けなければならない。それが、ピストンを押すことに該当し、その結果、空気が勢いよく排出されることになる。

したがって、マネジャーは直接的には何もしないけれども、ミッションの意義、権限委譲、目標管理制度という「形」によって部下の勢いを引き出す。

ドラッカーは真のリーダーシップとは、カリスマではなく、「効果的な組織を構築する能力」にあるとする。いままでの議論からすれば、「組織」を「形」に置き換えたほうがわかりやすいだろう。つまり、リーダーには余白の効力に適した「形」を構築する能力が求められるのである。

この条件が整うと、マネジャーの存在自体が磁石のように部下に影響し、部下の自律的な行動を可能にする。このようなマネジャーは、率先垂範のリーダーとは大いに異なり、勢いを強化し、ただそれにしたがっているのである。

第一計で学ぶ老子の教え

- 優れたリーダーは何もしない。
- 無為にしたがうことで、あらゆることが可能になる。
- 真のリーダーシップとは部下の自律性を促進する働きかけである。

【注】

(1)P・F・ドラッカー著、上田惇生訳『経営者の条件』ダイヤモンド社、2006年、2ページ。

(2)たとえば、老荘思想の代表的な研究者たちが執筆したテキスト『老荘思想を学ぶ人のために』では、無為について、「人間のことさらな作為を否定する考え」「『無為』は偉大なる事業の完成に至るための手段であり、作為を秘めた無為として、現実の政治や処世への応用が可能なのである」と説明されている。加地伸行編『老荘思想を学ぶ人のために』世界思想社、1997年、193ページ。

(3)無為を「無の働き」として解釈しているのは、私の知るかぎり、伊福部隆彦『老子道徳経研究』池田書店、1995年、大濱晧『老子の哲学』勁草書房、1986年、のみである。

(4)インドから仏教の経典がもたらされ、その翻訳作業が国家事業として行われたとき、解釈に困ったのが「空」(サンスクリット語でいうスーンニャ）であった。この空を解釈するうえで参照されたのが老荘思想の「無」であった。その結果、インドでの空は不在や否定を強調するものであるのに対し、中国の無は根源や創造という意味で実在や肯定が前面に出てくる。つまり、諸法空相から諸法実相への転換である。このように老荘思想をベースに解釈された仏教は、格義仏教と呼ばれ、禅もそのなかに含まれている。

(5)老子には無と道を明確に同義語として使用している箇所はない。ただし、意味としては、「道＝無」としたほうが解釈に整合性がとれる。この「道＝無」の解釈は、三国時代の魏の王弼により提唱され、その後多くの注釈書で採用されるものとなっている。

(6)有は無の展開であり、実在するのは無のみである。ただし、無と有（または万物）をあえて区別するならば、形がないものが無であり、形があるものが有となる。雪や氷が異なっていても、その体は水であるのと同じように、万物は異なっているが、その本質は無である。実在論としては、無と有は別物ではなく、無しか実在しない。しかし、無の働きを問題にするのであれば、形の有無による、無と有の区別は有用になる。つまり、実在論か機能論のどちらの立場に立つかによって見方は異なる。ただし、両者は矛盾しているわけではない。ただ観点の相違にすぎない。本書では主に機能論の立場に立つ。老子を宗教的に解釈するのであれば、実在論に立つ必要があるだろう。

(7)ここでも実在論の立場に立つならば、万物も道そのものであり、その展開であるのであるから、道が万物にしたがうという表現は意味が通らなくなる。機能論では、道と万物を形の有無で分けているため、このような表現が可能になる。ここを実在論的に表現するならば、道も万物も同じであり、ただ自然の勢いにしたがっている、ということになるだろう。

第二計

強者は弱者に勝てない！

――柔弱の効力

上《じょう》善《ぜん》は水《みず》の若《ごと》し【上善若水】

上善は水のようなものである。水は善く万物を利して争うことがなく、衆人の嫌うところ、低いところにとどまる。だから道の働きに近い。

争わないが故に負けることがない

余白の効力は、「邪魔をしない」ことによって他者の行動を促す。しかし、「邪魔」がなくなれば、本当に勢いは増すのだろうか。

私が老子を学び始めたとき、余白の効力としてイメージしたのが経済学の「神の見えざる手」であった。新古典派経済学の基本的な考え方は、市場に任せるのが最適であり、そこに政府が介入するのは逆効果であるという主張だ。政府が邪魔さえしなければ、「神の見えざる手」で市場均衡が達成され、社会厚生は最大化される。これは、邪魔がなければ勢いが得られる余白の効力とかなり似た論理になっている。

しかし、その後の経済学の発展により、この「神の見えざる手」を信じている経済学者は皆無だろう。情報の非対称性や外部性などがある場合、市場に任せると最適な結果にはならないことが知られている。

つまり、「神の見えざる手」が機能するためには一定の条件を重ねなければならない。これと同様に、余白の効力が機能するためには、さらに何らかの条件が必要になる。

その条件に該当するのが、「柔弱の効力」だ。余白の効力に柔弱さが加わることで勢いは増していく。その結果、「柔よく剛を制す」ということが可能になる。

柔弱の「柔」は「柔軟さ」を示し、「弱」は柔軟であるが故に「変幻自在」であることを意味する。弱とは特定の形、立場に執着しないということであり、逆にそれを守り切ることができるのは強となる。柔弱の効力とは、柔弱であるが故に、最終的に勝つことができることを意味する。

この柔弱の実例として老子が指摘するのが水である。

上善《じょうぜん》は水《みず》の若《ごと》し【上善若水】

上善は水のようなものである。水は善く万物を利して争うことがなく、衆人の嫌うところ、低いところにとどまる。だから道の働きに近い。住むには低い（衆人が嫌う）土地を善しとし、心はあの淵の水のように静かである。仁をもって人と交わり、その言葉に嘘がなく、正しく治まる政治を行い、物事を処するにおいては有能である。行動するときは時に適っている。このように争うことがないため、間違いもない。

水は物質のなかでは最も柔弱なものの1つであり、「水は方円の器にしたがう」という言葉があるように、器の形に合わせて水はそのとる形を変幻自在に変化させる。

この柔弱さの本質は、「不争」にある。つまり、争わないが故に負けることがない。

水は高きところから低きところに移る。多くの人が好むところではなく嫌うところに行き、そこにとどまる。もし、他の人たちが好むところにとどまろうとすれば、争いや勝ち負けが生じる。

水はそのような争いには関与せず、皆が嫌うところに進んでいく。

「顧客満足くそくらえ」で黒字化

東海バネ工業（大阪市）という金属バネメーカーがある。この企業がユニークなのは、その使命が「顧客満足くそくらえ」というものになっている点にある。国内にはバネメーカーは3000社ほどあるという。なかには最先端の技術や低コストを標榜する「先端企業」も少なからず存在する。

そのようななかで同社は、自らは周回遅れの「後端企業」であり、コストダウンもままならず、コスト競争力は最下位に近いのではないかという。

しかし、同社の利益率は高く、長期にわたって黒字が続いている。その秘訣は、周回遅れの後端企業でありつつも、不争を実現しているからにほかならない。

同社がこのような経営を行う契機となったのは、渡辺良機元社長の欧州視察旅行での体験にある。かれはドイツのバネメーカーを視察し、そのメーカーの担当者に価格はどのよ

うに決めているのか尋ねると、

「顧客から見積依頼があれば、必要な工数を計算し、工数に当社基準のチャージを掛け、原材料をはじめ、原価、諸経費をプラスして、最後にお客さまから頂くべき利益を加えて価格を決める」

という回答であった。これはどこのメーカーでも行っていることであり、かれが聞きたかったのは、

「顧客から価格が高いと文句を言われた場合に、どのように対応するのか」

という点であった。この点について質問すると、担当者は「変なことを聞くな」というような怪訝《けげん》な表情になり、

「価格がその時点で合わなければ、それ以上、話が進まない」と答えたという。

渡辺氏はさらに、

「値を引いて、売られることはないのですか」と質問したところ、

「先ほど工場を見たでしょう。手作りしているのを見たでしょう。手作りのバネ屋が安くしていたのでは続かない。一切値引きしないのです」と即答された。

次にフランスに行き、製缶メーカーの工場を見学した。そこでは50名ぐらいの作業者が仕事をしていた。かなり劣悪な職場環境であったにもかかわらず、３分の１程度の作業者が若い女性だった。そこで何でこのような職場で、若い女性がこんなにたくさん仕事をし

ているのかと工場の案内係の人に質問したところ、一言、

「給料が高いからです」

と言われた。当時の日本では、工場での現場作業者よりもデスクワーカーのほうが報酬は高かった。そのため、何で現場作業者の給料が高いのか尋ねたところ、その案内人は、

「人が嫌がるでしょう。やりたがらないでしょう。だから、給料が高いのですよ」

と答えた。

渡辺氏は、この2つの経験から東海バネの方向性がいままで間違っていたのに気づかされたという。

いままではできるだけ安いバネをつくり、それを顧客に売ろうとしていた。その方針を一掃し、今後は人が嫌がる仕事をすることで、言い値で買ってもらえる製品・サービスを売るように転換した。

バネメーカーの主要な顧客は、自動車業界、電機業界、家電業界、情報・通信業界の4業界であり、バネ業界の売上のうち85％を占めている。これらの顧客は大量にバネを購入する一方で、値下げ要求もきわめて厳しい。大半のバネメーカーはこれらの顧客をターゲットとして激しい価格競争を展開している。したがって、利益率は総じて低くなる。

一方、東海バネはボリュームが少なく購買頻度も数年から数十年間隔の発電所、工作機械、一般向けのオーダーメードに特化している。これらの顧客は通常のバネメーカーにと

ってはは大きな売上や利益には直結しないため、オーダーを引き受けてくれるところはない。東海バネは、このような一見すると儲からない顧客をターゲットにしている。したがって、競合他社も存在せず、言い値で買ってもらえることができている。

これはまさに衆人（競合他社）の嫌うところ、嫌がるところをターゲットとし、顧客の要望に柔軟に対応することで収益を生み出すことに成功した例になる。皆が嫌がることに特化することで不争を実現し、最終的に勝つことができたのである。

柔弱なところにあらゆるものが集まる

水には固有の形がないため、どの空間にも入っていくことができる。したがって、何かと争うことはない。このような柔弱さがあるため勝つことができる。

天下《てんか》水《みず》より柔弱《じゅうじゃく》なるは莫《な》し【天下莫柔弱於水】

天下で水より柔弱なものはない。しかも堅く強いものを打ち破ることにおいて水に勝るものはない。弱い者が強い者に勝ち、柔な者が剛な者に勝つ（柔よく剛を制す）のは、世の中で知らない者はいない。しか

し、これを実行し得る者はいない。だから聖人はいう。「国の恥辱を甘んじてわが身一身に引き受ける者、これこそが国の主といい、国の不祥を甘んじて受ける者を天下の王という」。正しい言葉というものは一見反対のように見えるものである。

では、柔弱さが具体的に勝ちにつながるメカニズムはどのようなものになるのだろうか。老子はそれについては語らない。しかし、孫子はそれを明確に論じている。

兵の形の極は、無形に至る。水には常形なし。敵に因って変化して勝を取るもの、これを神という【虚実篇】

孫子は、水のような無形の柔軟性によって勝つことができるとする。より具体的には、敵軍には固定した形態をとらせ、自軍は無限に変化することができれば、敵軍は多方面を防御しなければならず、兵力は分散する。それに対して自軍は集中的な十の兵力となり、敵軍は分散した一の兵力となる。この場合、十の力で一を攻撃することが可能になる。自軍は衆（強大）であり、敵軍は約（小）となり、確実に勝つことができる。したがって、孫子の兵法では、無形の戦略を推奨する。

「無形とは、水のように、状況に応じて変幻自在に形を変えていくことを意味する」

さらに、孫子では無形の戦略に「詭道《きどう》」が加わる。次の文は有名だろう。

兵とは詭道である。それ故、強くとも敵には弱く見せかけ、勇敢でも敵には臆病に見せかける【計篇】

これは強弱の間の自由な往来を意味する。

敵に弱と思わせておいて、実は強であり、敵に強と思わせておいて実は弱である。つまり、敵を騙し、誤解させておくことが重要になる。

一方、敵が強であればこれを弱にするように働きかける。そのためには交戦に至るまでに手を打つ必要がある。孫子は次のような優先順位を示している。

最上の戦いは敵の陰謀をその段階で破ることであり、その次は敵と連合国との外交関係を破ることであり、その次は敵の軍を討つことであり、最もまずいのは敵の城を攻めることである【謀攻篇】

つまり、剛強な敵を弱くするには、まず伐謀《ばつぼう》、すなわち謀略で敵を破ること、次に、伐《ばつ》交《こう》、外交で敵に勝つことを意味する。これらに対して次善の策となるのが伐兵《ばっぺい》であり、これは軍と軍との実際の戦いを指す。最も劣るのが攻城であり、堅牢な敵の城を攻める羽目に陥る。

伐謀や伐交には敵の一部を切り崩し自軍に味方させるという調略も含まれる。そのためには自らへりくだり、皆の嫌うところにとどまり、それによって不争を実現していくことが求められる。

水でたとえれば、川の上流は弱い勢いでしかない。しかし、多くの支流から水を集めることで最終的には大きな勢いを得て、下流に到ればだれもそれを堰《せ》き止めることはできなくなる。その結果、勝つべくして勝つことができる。

柔弱なものは勢いを増す機会を最大限生かすことができるとともに、あらゆるものが柔弱なところに集まってくる。それらが一体となって大きな勢いの塊になる。

強剛ではなく柔弱が部下の信頼を獲得する

おそらく戦国の世の覇者となる者とそうでない者との差は、ここにある。

織田信長は敵を徹底的に殲滅することを常としていた。それに対し、徳川家康は信長に滅ぼされた今川氏、武田氏の遺臣を自らの家臣団に加え、豊臣秀吉が滅ぼした北条氏の遺臣も大量に採用している。

三国志で覇者となる魏《ぎ》の曹操《そうそう》は、ライバルである袁紹《えんしょう》や、孫権《そんけん》、劉備《りゅうび》が黄巾《こうきん》の乱で敵を徹底的に叩き潰したのに対し、かれらを味方に引き入れることで勢力を拡大していった。敵を引き入れるためには剛強さではなく、柔弱さ（たとえば三顧の礼で迎えるなど）が鍵となる。そうでなければ寝返った敵の忠誠を得ることはできない。

したがって、「老子」の「柔よく剛を制す」とは、

① 無形の柔軟さにより勝つ
② 弱であると敵に思わせて実際には強で勝つ
③ 柔弱であることで味方を増やし、勢いで相手を圧倒して勝つ

という3つのメカニズムがある。

このなかで①と②はほぼ同じ内容として考えてよい。これらは交戦に到った段階での作戦になる。それに対して③は交戦に到る前の戦略になる。

たとえば、このやり方のマネジメントへの応用を考えてみよう。成功を上とすれば失敗は下であり、下である失敗は皆が嫌うところになる。それらの失敗を一身に引き受け、失

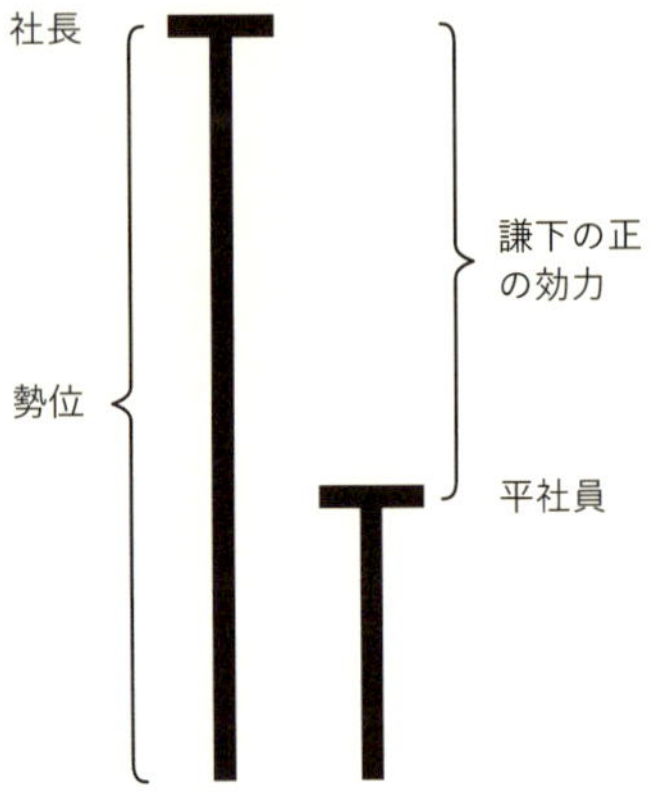

社長が平社員のように
へりくだるケース

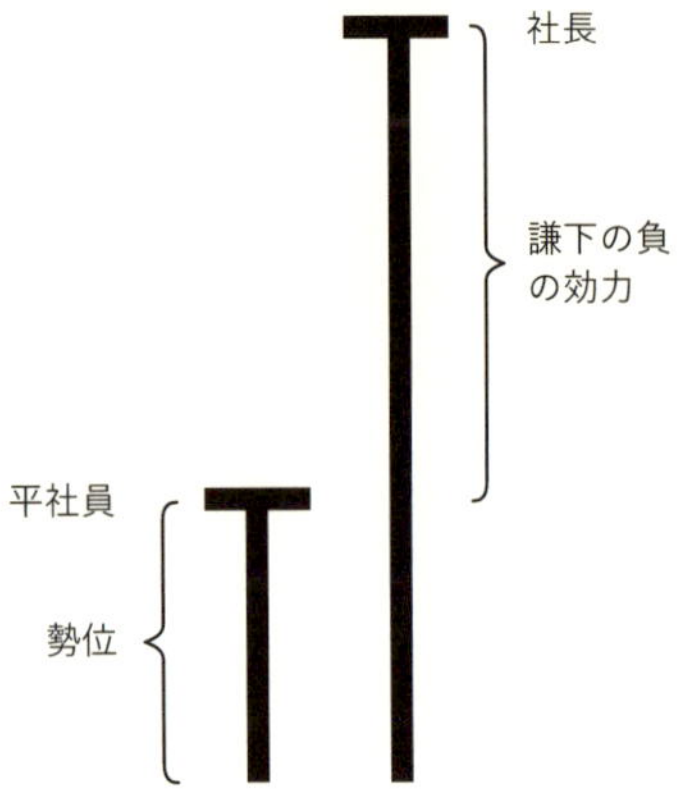

平社員が社長のように
驕ったケース

敗の責任はすべて自分で背負うリーダーがいれば、部下は自然にそのようなリーダーに付きしたがっていく。

　このような柔弱なリーダーこそが部下の信頼を獲得し、その勢いを集めていくことができる。もし、失敗を叱責すれば、それは不争ではなく争いであり、柔ではなく剛となる。

　あるいは、老子では「謙下の徳」と呼ばれるものが主張されている。これは相手にへりくだることによる効力のことを意味する。しかし、老子が説く謙下、すなわち「下流に立つ」（老子「江海所以能爲百谷王者」、本書第十一計参照）、柔弱・不争、「衆人が嫌うところに住する」（老子「上善若水」、本計参照）、などは、ある程度以上の地位にある者（為政者、官僚、現在でいえば経営者、リーダー）に対して述べられていることに注意しなければならない。

中国思想では地位に伴う勢いを「勢位」と呼んでいる。[1]この「勢位」は、いまの言葉でいえばヘッドシップになる。それはその地位に権限が伴っているからであり、勢位は強制力を伴う。

このような勢位を伴う者がへりくだると、それは大きな効力をもつ。たとえば、社長が平社員の地位までへりくだって行動すれば、その格差分の効力を部下に対して生み出す。逆に、平社員が社長のように振る舞えば、マイナスの効力しか生み出さない。

柔弱であることの難しさ

ただし、柔弱であることは常に不介入であることを必ずしも意味しない。不争であれば、現場に介入することもあり得る。

この点では、第一計で述べた「余白の効力」とは異なる。言わば潤滑油のような形で隅々に浸透していくことは柔弱さとは矛盾しない。この潤滑油的役割を果たすことでさらに勢いを増していくことが可能になる。

そればかりではない。他者の自律性に任せるといっても、それによって望ましい方向から乖離するということもあり得る。たとえば、現場に任せたものの、現場が暴走してしまい、大きな不祥事を引き起こすケースがこれに該当する。その場合には、ストップをかけなければならない。

これは明らかな介入であり、どのような場合であっても不作為によって現場には不介入のままでいればよいということにはならない。だからこそ、現場のプロセスには介入しないものの、その結果については コントロールしていくことが求められる。

「無に帰る」とは、自然の流れでそのようになる場合が大半であり、自然界ではそれしかない。しかし、人間社会では、リーダーが介入し、あえて物事を無に帰す、すなわち、それをストップすることが生じ得る。

それは決して無為に反する人為的なものではなく、むしろ望ましくない自然に反した勢いを止め、もう一度仕切り直しすることを意味する。それによって新たな勢いの創造へとつなげていくことが可能になる。

後に見るように、老子の場合、無為のプロセス（本書ではこれを「静かなるプロセス」と呼ぶ。第三計参照）の望ましい軌道からの乖離についてはかなり楽観的であり、すべては自然に任せておけばよいという原則のみを主張する。

それは、「天網恢恢疎《てんもうかいかいそ》にして漏らさず」（天は決して悪人を見逃さない）という文として現れている。

しかし、現実には、たとえば現場の不祥事が明らかなのにそのまま放置しておくというのは問題であろう。重要なのは、それらが大きくなる前に対処することであり、老子のいう「天網」に任せるのは、問題がもはや手に負えなくなった段階であると考えられる。そうなる前の対処であれば、老子も反対することはないだろう。

これは不争と反するように思われるかもしれない。もちろん、仕事を推進する担当者との争いになる可能性が高い。しかし、不争のなかで最も重要なのは「勢い」との不争であり、望ましい軌道からの乖離は自然の「勢い」との争いを高めることになる。これを回避することは「勢い」との不争の実現にほかならない。

このように柔弱であるからこそ、多くの勢いを集められ、自然の勢いに逆行した場合は止めることができる。剛強よりも柔弱であることの優位性は明らかだろう。

ただし、現実問題としては柔弱であり続けることは大変難しいということも指摘しておきたい。私たちはどうしても、成功は自分の手柄、失敗は他人の責任という態度をとってしまいがちだ。また、潤滑油として現場に入っていくことも難しく、たとえば聞き役に徹することができず、求められないのに指示・命令を出してしまうこともよくあることだろう。

それにも増して、何かをストップする汚れ役を買って出るのは非常にハードルが高い。

柔弱組織のマネジメント

では、理想的な柔弱のマネジメントとは具体的にはどのようなものなのだろうか。

ここで世界地図を思い浮かべてもらいたい。多くの日本人がイメージする世界地図では、日本が中心にあるはずだ。

そのため、海外で日本が「極東（Far east）」と呼ばれていても、一向に気にならない。なぜなら（自分のイメージでは）日本は世界の中心に位置しているからだ。けれども欧州の典型的な世界地図では、当然ながら欧州が中心にあり、日本は右端に追いやられている。その結果、日本がある場所は極東と呼ばれることになる。

次に地球儀を思い浮かべてもらいたい。言うまでもなく、地球儀の球の中心に位置する国はない。ただどの国も中心と等距離でつながっている。

この中心こそが、この球体組織のリーダーに該当する。このリーダーはだれとでも等距離でつながっている。しかも、特定の国を中心として二次元の世界地図を描くと、その国は世界の中心となり、他の国はその国を支援する役割を担う。

球体組織では、すべてのメンバーが（地図の）中心になり、お互いに助け合うネットワークを構成する。

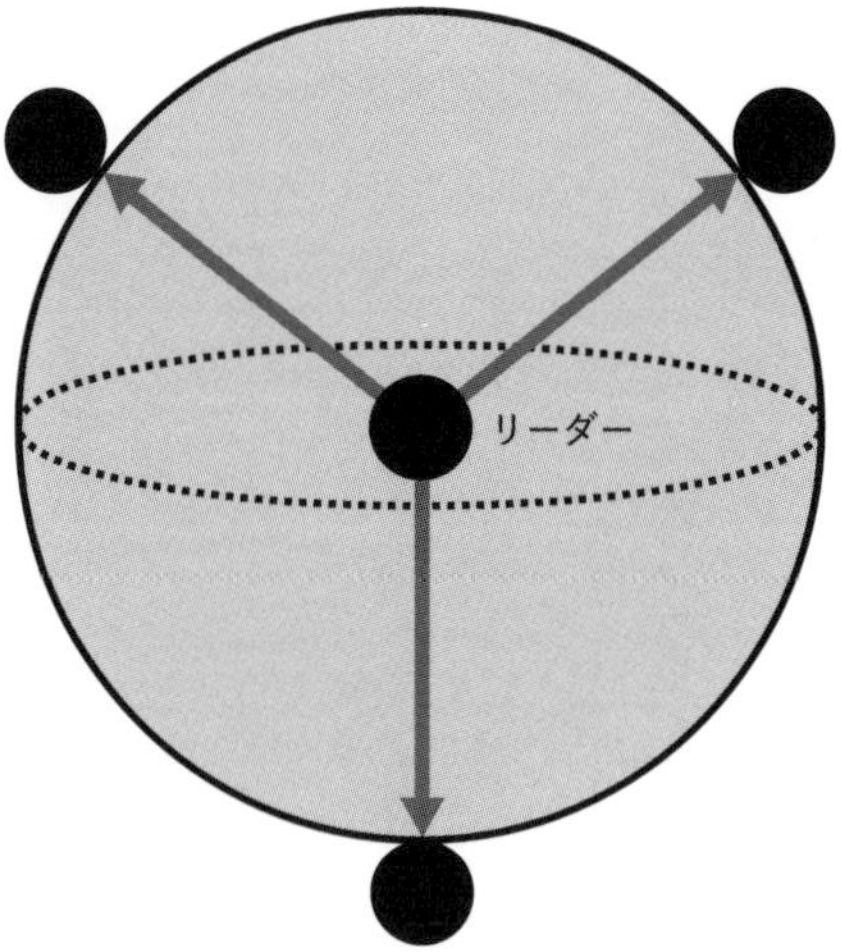

つまり、「ワン・フォー・オール、オール・フォー・ワン」だ。そして、このネットワークを（球の）中心で支えるのがリーダーになる。

このリーダーはどのメンバーにもつながっており、直接指示を与えることはないけれども、知らぬ間にそばに立っていたりする。それはまさにネットワークの潤滑油の役割を果たすとともに、球としての形を維持する統合の役割をも果たしている。この球体組織が究極的な柔弱組織であり、柔弱型リーダーシップのイメージとなるだろう。

ただし、繰り返しになるが、これを実行するのは非常に難しい。その意味では、余白の効力よりも柔弱の効力のほうが実践は困難であるかもしれない。

老子の聖人が行う「無形の戦略」とは何か?

このように無の効力とは、余計なことをしない「余白の効力」と、柔弱・不争であることにより勢いを得るという「柔弱の効力」から構成される。

いずれの場合でも、この効力を追求するならば、「何もしない」ことが求められる。しかし、その「何もしない」ことが効力を発揮するためには、勢いを強化する「形」が必要になる。

その形とは「無形の形」になる。無形の形によって無の効力を発揮し、得られた勢いで勝つ。これが老子の聖人、ビジネスで言えば優れたリーダーが行う「無形の戦略」になる。

善《よ》く行《い》くは轍迹《てっせき》なし【善行無轍迹】

善く道を進むものは、その轍《わだち》の跡を残さない。言を善くするものは、言葉の上の瑕《きず》を残さない。善く計算できるものは、算木を用いない。善く閉ざされた門は、関楗《かんぬき》をかけていないがこれを開くことができない。善く結んだものは、縄や紐がなくこれを解くことができない。

この教えには老子らしいパラドクス的表現がいくつか見られる。

「善く計算できるものは、算木（計算機）を用いない」とは、何を意味するのだろうか。これは比喩的表現であり、「算木」は有形の形を意味する。この有形の形を用いないということは、形以前の潜在的勢い、すなわち無形の段階で対処することを意味する。つまり、問題が形として現れる前に処理することであり、老子的に表現すれば、「無形によって形に対処する」ことになる。

「善く閉ざされた門は、關楗（鍵）をかけていないがこれを開くことができない」とは、そもそも門が無形であることを意味する。「孫子」にこれに類する説明がある。

守備の上手な人は大地の底の底にひそみ隠れ、攻撃の上手な人は天界の上の上で行動する【形篇】

つまり、形あるもので守るのではなく、無形のもの、外敵の知ることができないもので守ることを意味する。有形の門があるわけではなく、門が無形であるからこそ、それを開けることができない。門が無形とは、敵にとって攻撃対象がわからない状況を指す。

「善く結んだものは、縄や紐がなくこれを解くことができない」とは、縄や紐で結んでいないにもかかわらず、これを解くことができないことを意味する。無形のものによって結ばれている状況、たとえば、心理的な結びつきが強ければ、それを物理的に解くことはできない。

このように善く行き、善く言い、善く計略し、善く防御し、善く結びつけるものは、無形によって達成される。つまり、無の効力を活用し、そこから派生する勢いを活用することがポイントになる。

自ら行くことなく、言うことなく、計略、防御することなく、結びつける必要もない。そのようなことは「何もしない」。しかし、無為の勢いを活用することで、それらをうまく達成することができる。「無為にして為さざる無し」とはこのことを意味する。

繰り返し言おう。

優れたリーダーは何もしない。それによって勢いを強化する。

具体的には、他者の邪魔をしない余白の効力を発揮するとともに、臨機応変の展開を促進する柔弱の効力を追求する。その結果、無為にしたがうことが実現する。

これこそが、老子が説く優れたリーダーの要諦である。

ただし、優れたリーダーは何もしないのであれば、リーダーは必要ないのではないかという疑問を抱かれたかもしれない。しかし、リーダーが何もしないで効力を発揮するのは、潜在的勢いを強化する「形」が構築されているからだ（詳しくは第三計で解説する）。ドラッカーが指摘するように、この形を構築する能力こそがリーダーに求められる。[2]

潜在的勢いが何で、どこから始めるのか、勢いを増すために何をすべきかについては、リーダーが決断しなければならない。

では、優れたリーダーの決断に必要なことは何か。このことを明らかにする前に、重要な準備作業が2つある。

1つは、老子が説く静かなるプロセスを理解すること。

そしてもう1つは、対立する両極端の間の循環運動を理解することである。

第三計ではこれらについて解説する。


【第二計で学ぶ老子の教え】

- 柔弱であれば、多くを集めて勢いを増す。
- 柔弱であれば、逸脱を制止して新たな勢いを増す。
- 柔弱であれば、潤滑油としてあらゆるものにつながり勢いが増す。

【注】

(1) たとえば、「韓非子」の難勢篇を参照。金谷治訳注『韓非子 第四冊』岩波文庫、1994年。そこで慎到の勢論が紹介されている。慎到の思想については、金谷治「慎到の思想について」(『金谷治中国思想論集(中巻)儒家思想と道家思想』平河出版社、1997年）に詳しい。

(2)ここでいう「形」とは全体的な枠組み、プラットフォームを意味しており、孫子のいう「無形の形」とは異なる。孫子の「無形の形」は、プラットフォームのなかでの具体的な行動で現れる。前者はマクロ的であり、後者はミクロ的なものである。

第三計

形で勢いを生み出す！

——静かなるプロセス

道《みち》、これを生《しょう》じ【道生之】

あらゆる生命は、道がこれを生じ、徳がこれを養い、物として形づけ、その生命自体のもつところの勢いによって、自らを完成させる。

発想の源泉——ピカソが見た眺望

ピカソがキュビズムという新たな芸術運動を展開させる重要な契機になったのが、1909年にバルセロナのホテルの部屋から見た眺望であった。ピカソは次のように述べている。

「すべてはここから始まった。それらはバルセロナのホテルの私の部屋から見たもので、自分がどこまでいけるかを自覚したのは、これらのデッサンによってだった[(1)]」

このピカソが見た眺望こそが分析的キュビズムと呼ばれる発想の源泉となった。かれはホテルから見た眺望という形に触発され、それを複数枚デッサンすることでキュビズムという新たな絵画の表象手法の将来性を見通すことができたのである。

スティーブ・ジョブズが初期のスマートフォンやその実際の働きに不満だったのはその形にあった。すなわち、デバイスの下半分を占めるキーボードが美しくなく邪魔であるということであった。

そこでかれが考えたのが、キーボードやボタンをなくしてしまい、すべてを画面にすれば美しくなるというアイデアであった。そのように形を変えることができれば、スマートフォンに革命を起こすことができるとかれは直観した。そして数年におよぶ研究開発の結果製品化されたのがiPhoneであり、画期的製品として世界中を席巻することになった。

これらの創造に共通するものは何だろうか。「無の働き」とは無から有への創造だとすれば、これらの事例に「無の働き」が現れているはずである。

それはいったいどのようなものなのだろうか。私が伊福部氏の著作から無為とは「無の働き」であるという解釈に出合い、それによって老子の理解が進んだことは第一計で述べた通りだ。しかし、老子の教えを実践で生かすためには、この「無の働き」とは具体的には何を意味し、それをどのようにつかむことができるのかを明らかにしなければならない。

この点で、ピカソやジョブズの事例が示唆するのは、次のことである。

「無の働きとは、潜在的勢いのことであり、形を通じて潜在的勢いを直覚する」

ピカソは、ホテルの部屋から見た風景のデッサンを重ねることで、キュビズムの萌芽《ほうが》、その潜在的勢いを読み取った。ジョブズは、現状のスマホの美しくないデザインへの不満から、ボタンをなくすというiPhoneの原型をイメージし、その潜在的勢いを確信した。

あらゆるものは静かなるプロセスから生まれる

このような観点から改めて老子を読み直すと、いままで老子の注釈書ではあまり注目されてこなかった1つの教えに目が留まった。この教えこそが本書を執筆する直接の動機となったものだ。それはまさに無の働きを「無の勢い」として解釈できるものになっている。

道《みち》、これを生《しょう》じ【道生之】

あらゆる生命は、道がこれを生じ、徳がこれを養い、物として形づけ、その生命自体のもつところの勢いによって、自らを完成させる。だから、あらゆるものは、道を尊び、徳を貴ばないものはない。道の尊く、徳の貴いことは、誰かが命じてそうするのでなく、常に自然にそうなる。だから道はすべてのものを生じさせて、徳がこれを蓄え、育てて、形づけ、養い、庇護《ひご》する。

道は万物の根源であり、それ自体は知覚することができない。それは花を見て肉眼では種に含まれていた遺伝子情報をとらえることができないのと同じだ。

しかし、根源である種は自ら変形し、芽や葉、花となっていく。つまり、根源から何かが生成され、それはプロセスとして展開する。根源としての道は、潜在的勢い（徳）として現れ、それが形となり、特定の機能（用）を果たすようになる。つまり、次の流れで道はプロセスとして展開していく。

「道→徳（潜在的勢い）→形→勢い（顕在的勢い）」

本書ではこのプロセスを「静かなるプロセス」と呼ぶことにする。なぜ静かかといえば、このプロセスは注意しなければ決して意識されることなく見過ごされてしまうからだ。

道は、まず徳となり、形、勢へと展開していく。「徳」とは、「道の潜在的勢い」として解釈できる。植物でいえばそれは種のもつ生命力といったものになるだろう。種に宿る生命力は形としてはまだ現れていない。千利休が「侘び寂びとは何か」と聞かれて答えたのが、

花をのみ 待つらん人に 山里の 雪間の草の 春を見せばや

という藤原家隆の和歌であった。

これは、「花が咲く春を待っている人には、山里の雪の間にわずかに芽吹いた若草の春を見せたいものだ」という意味になる。「雪間の草の春」とは春に向かって花を咲かそう

としている草の生命力のことを表現している。この生命力こそが侘び寂びの本質であるというのが利休の答えだった。老子の例でいえば、この生命力こそが潜在的勢いとしての徳となる。

この潜在的勢いは、春になれば草から花が咲くように、時機が来れば形として展開していく。そして花という形を得たならば、それによって人々を楽しませ、昆虫、鳥などを惹きつけることで受粉し種子を形成していくという働きを担うことになる。

この働きの強さが顕在的な勢いであり、それを生み出すのが「形」になる。花が多くの昆虫、鳥を惹きつけることができれば受粉の「勢い」は増していくことになる。

転がる球の勢いを増すことがリーダーの仕事

この静かなるプロセスは、無と有との関係でいえば、

- **無**――形以前＝道、徳
- **有**――形以後＝形、勢

と分類される。その基準は形の有無による。形以前が「無」、形以後が「有」となる。

いままで「無＝道」としてきたが、この老子の教えを受けて、より正確には「無＝道徳」となる。無の働きを意味する無為とは、この「道徳」、すなわち道から展開する潜在的勢いのことを指す。したがって、「無為にしたがう」とは「道徳にしたがう」ことにほかならない。

この「道→徳→形→勢」をビジネスにあてはめれば、次のようになるだろう。

- **道**——白紙の状態
- **徳（潜在的勢い）**——顧客の潜在ニーズ、技術の潜在シーズ、事業のポテンシャル、アイデア
- **形**——製品・サービス、制度・仕組み、プラットフォーム
- **勢（顕在的勢い）**——業績の成長率、組織の活性化、士気の高さ、顧客満足度

もちろん、これはあくまでも代表的な例であり、それ以外のものもある。このなかで道とはまさに無の状態であり、すべての種はそこにあるものの、何も兆候がなく、顕在化していない状況を指す。五里霧中の状態であるといえるだろう。

潜在的勢いは、形を経て顕在的な勢いとして現れる。この形と勢いとの関係をより具体

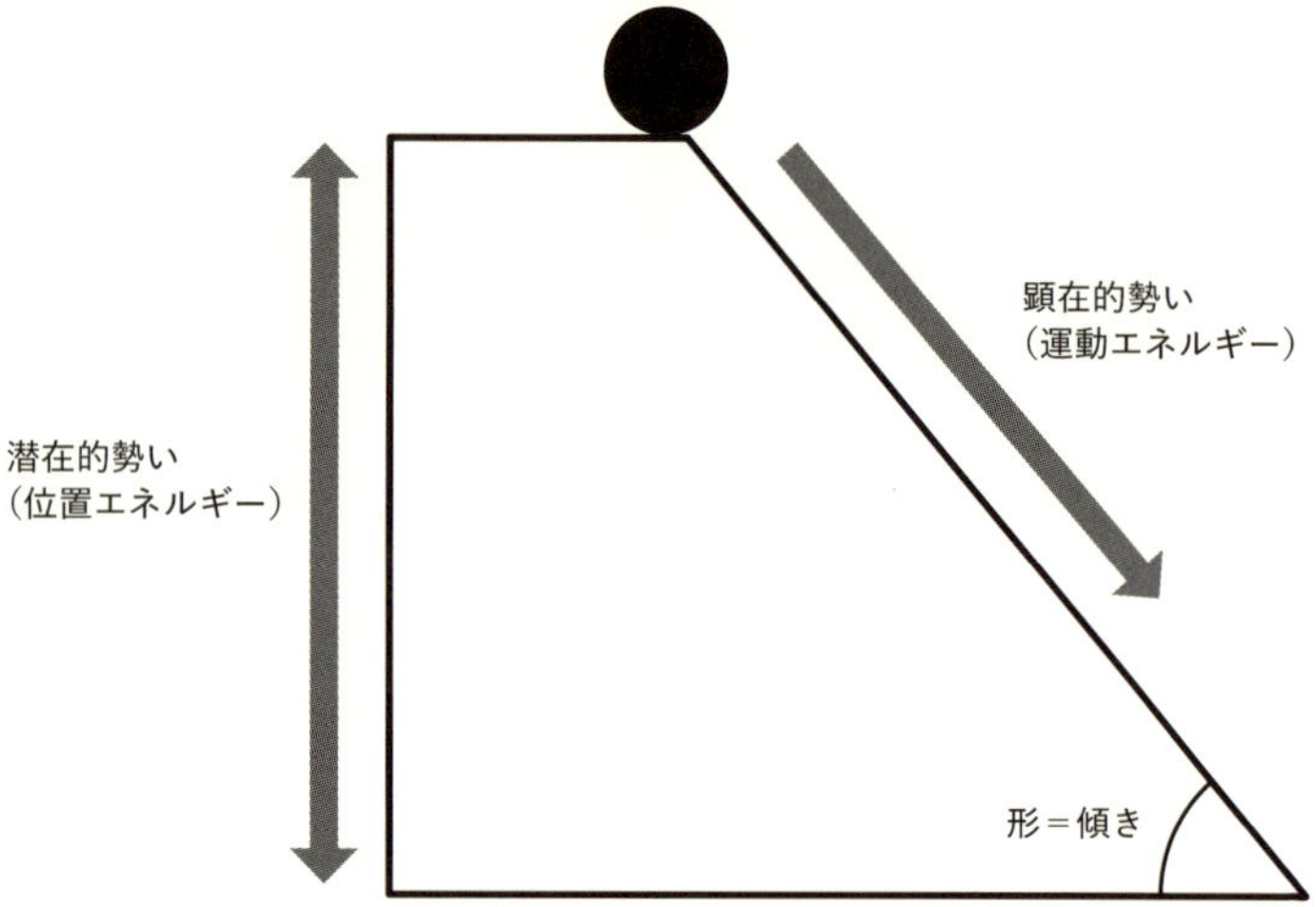

的に説明するために、急斜面の山を転がる球の例を考えることにしよう。

この例での顕在的勢いとは山を転がる球の強さのことであり、形は山の斜面を指す。潜在的勢いは球を転がす前の球のもつ位置エネルギーに該当する。[2]

まず位置エネルギーがそもそも小さければ、いくら山の斜面が急であったとしても球の転がるスピードは大きくならない。しかし、位置エネルギーが大きくても、斜面がなだらかであればやはり球の勢いは得られない。

球が勢いよく転がっていくためには、

①位置エネルギー（潜在的勢い）が大きい

②斜面が急である

という2つの条件が必要になる。

潜在的勢いそのものは直接的にコントロールすることができない。しかし、少なくとも形については人為的に操作することはできる。潜在的・顕在的な勢いを増すためには、次のことがポイントになる。

「勢いを増すように形を操作する」

適切な「形」さえデザインすることができれば、あとは球を押し、斜面に転がすだけでよい。それ以外のことは「何もしない」。これが老子の説くリーダーの仕事だ。

本書は、この形と勢いとの関係を「形勢」と呼ぶことにしたい。これは、老子の静かなるプロセスを理解していくための鍵となる視点になる。

道↓徳↓形↓勢という静かなるプロセスを形の前後で分類すると、

①潜在的勢い↓形
②形↓顕在的勢い

の2つに分けることができる。このなかで②の顕在的勢いは知覚することは可能であるが、①の潜在的勢いの場合、それは難しい。

だからこそ、冒頭で述べたピカソやジョブズのように形を通してその勢いを感知し（その方法については第七計で詳しく述べる）、それに順応し、形の操作を通じて勢いを強化していくことが重要になる。

禍福はあざなえる縄のごとし

以前、ある大企業の経営者が、

「いまはZD（ゼロ・ディフェクト）運動に取り組んでおり、欠陥率が大幅に下がった。しかし、これはある意味ではチャレンジ精神が失われてきている証拠でもあり、大変危機感をもっている。次は別の運動に取り組もうと思っている」

と話されたのを聞いたことがある。

ZD運動が組織の勢いを生み出し、無欠陥に到ったものの、その負の効果として挑戦するという勢いが失われた。そのため、新たなゴールを設定し、改革に取り組み、挑戦という勢いを再び生み出していきたいというのがこの発言の趣旨である。

このように何かをゴールとして取り組むことは、組織に勢いをもたらす。一方で、それは形骸化することもあれば、負の副作用をもたらすこともあり得る。だからこそ、経営者やリーダーは、組織の勢いを注視し、適切なゴールという「形」を設定（操作）して、組織の勢いを望ましい方向に刺激することが重要になる。

ただし、老子の教えによると、リーダーは目標に向かって順調に進展しているときにこそ、それは将来の衰退に近づいていることに気づかなければならない。逆に、いま困難に陥っていれば、将来浮上するという根拠なき確信をもち続けなければならない。順境であれば将来を憂慮し、逆境であれば将来を楽観する。このようなバランス感覚、両面思考が求められる。

順境の場合、いわゆる「成功の呪い」に注意する必要がある。コダックはフィルムカメラとフィルムの分野で圧倒的な成功を収めており、デジタル技術の開発においてもリードしていた。しかし、従来のフィルム事業の成功に依存し続けたため、デジタルカメラへの移行が遅れ、倒産することになった。

ビデオレンタルの巨人であったブロックバスターは、インターネットを利用した動画配信サービスの台頭を予見しながらも、実店舗にもとづくビジネスモデルにこだわり続けた。その結果、ネットフリックスなどの新興企業がオンラインでのレンタルやストリーミングサービスを展開して市場を席巻することになり、同社は市場から姿を消した。

一方、逆境であるが故に「成功の契機」になった事例もある。Instagramは、もともとBurbnという位置情報ベースのチェックインアプリとして開発されたが、市場での反応は芳しくなく、成功しなかった。そこで、アプリを写真共有に特化させることに決め、Instagramとしてリブランドし、この変更が大成功を収めることになった。

Slackはもともとタイニースペックというゲーム開発会社によって開発された内部通信ツールとしてスタートし、商業的には失敗に終わった。しかし、開発中に使用していたこの通信ツールが非常に便利であることに気づき、それを独立した製品としてリリースすることにした。その結果、Slackは現在、世界中の企業で広く使用されるコミュニケーションプラットフォームとなった。

これらの事例はまさに「禍福はあざなえる縄のごとし」であり、成功は将来のつまずきの原因となり、失敗は将来の成功の種となる。老子もまた「禍いの中には必ず福が寄り添っており、福の下には禍が隠れている」（老子「其政悶悶」、本書第九計参照）と指摘する。

静かなるプロセスを振り子運動で考える

老子の説く静かなるプロセス、すなわち、道→徳→形→勢は、その間の循環運動を行う。道から勢に到ったとしても、そこで永遠にとどまり続けるわけではない。その勢いも次第に減衰し、消滅していく。つまりは、無（道）へと帰っていくことになる。この循環運動を正確に理解することが決定的に重要になる。

物《もの》有《あ》り混《こん》成《せい》し【有物混成】

何とも形容することのできないものがある。それは天地が生じる以前に存在し、音も形もなく、不変の独立したもので、あらゆるところに現れ止まるところがない。それは万物の母である。その名を知らず、仮に「道」と呼ぶ。あえて名づけるなら、「大」であり、大は流れ逝き、はるか遠くに到り(よって「遠」と呼び)、またもとに反ってくる(よって「反」と呼ぶ)。

「何とも形容することができないもの」とは「道」を指し、それは「万物の母」と呼ばれている。この道から静かなるプロセスは、道↓徳↓形↓勢、と展開していく。

このような展開は万物に見られるため大いなるもの「大」であり、遠くに到るため「遠」でもある。しかし、このプロセスは最終的には道に戻るため、「反」と呼ばれる。つまり、勢いは最終的には減衰し、道へと帰着する。

次の老子の言葉もほぼ同じ内容をより簡潔に記している。

反《かえ》る者は道《みち》の動《どう》なり【反者道之動】

もとのところ（すなわち、道）に反るのが道の動である。「弱」は道の用である。

ここでも静かなるプロセスは、道へと最終的に帰っていくことが述べられている。ただし、新しい内容として「弱は道の用《はたらき》である」という文がある。道の働きが「弱」であるとは、「弱」こそがすべてが帰着する終着点であることを意味する。

たとえば、いかに強い生物であっても死ねば弱くなる。空高く飛ぶ物体も、いずれは重力の法則により地上へと落下していく。川は上流から下流へと流れ、最終的には海へと到る。

強弱、高低などの両極端がある場合、弱・低への復元力が働き、強や高の位置を維持しようとすれば復元力に抗う力が必要になる。しかし、その力が枯渇すれば、強は弱へ、高は低へと移行し、最終的には弱・低へと帰着する。この帰着点こそが「無の場」となる。しかし、それと同時に、この無の場からあらゆるものが再び創造される。

第一計で取り上げた老子の「道可道」の教えでも、

「常の無が有を生み出す働き『妙』、常の有が無に戻る働き『徼』を観る必要がある。こ

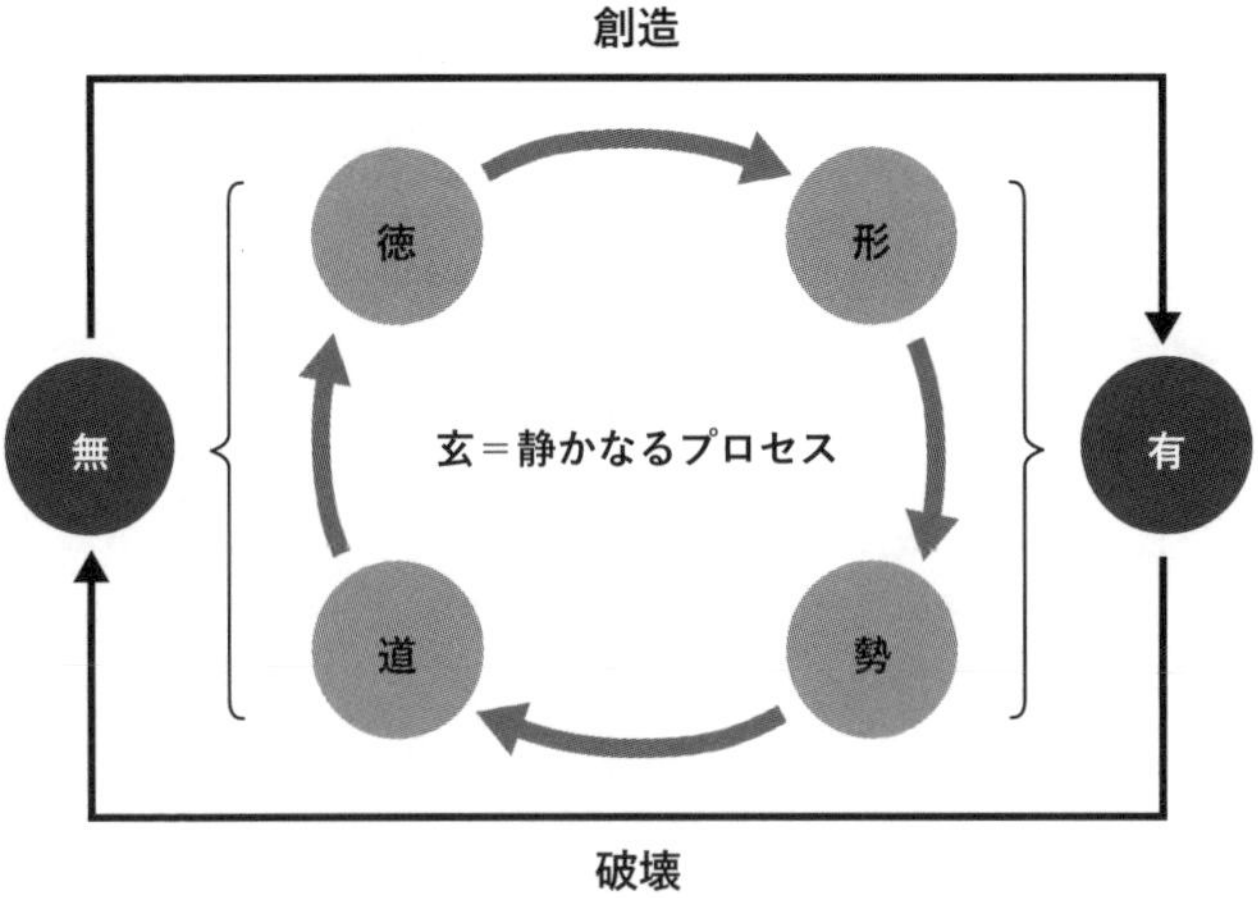

の両者は同じところから出たものであり、働く場所によって呼び名が異なっているにすぎない。これを合わせて『玄』という」

と述べられている。つまり、道の用とは、創造（無から有への働き）と破壊（有から無への働き）になる。

これは明らかに「無→有→無」という循環プロセスを意味している。老子はこれを「玄」（本書では「静かなるプロセス」）と呼び、それらは「道→徳→形→勢」から構成される循環プロセスとなる。

すでに第一計で指摘したように、老子は道の比喩として谷を取り上げている（老子「谷神不死」）。しかし、川の水が谷に帰着することはよいとして、谷から万物が生成するというのはいま一つ納得することができない。あるいは老子は、伐《き》りたての荒木を意味する

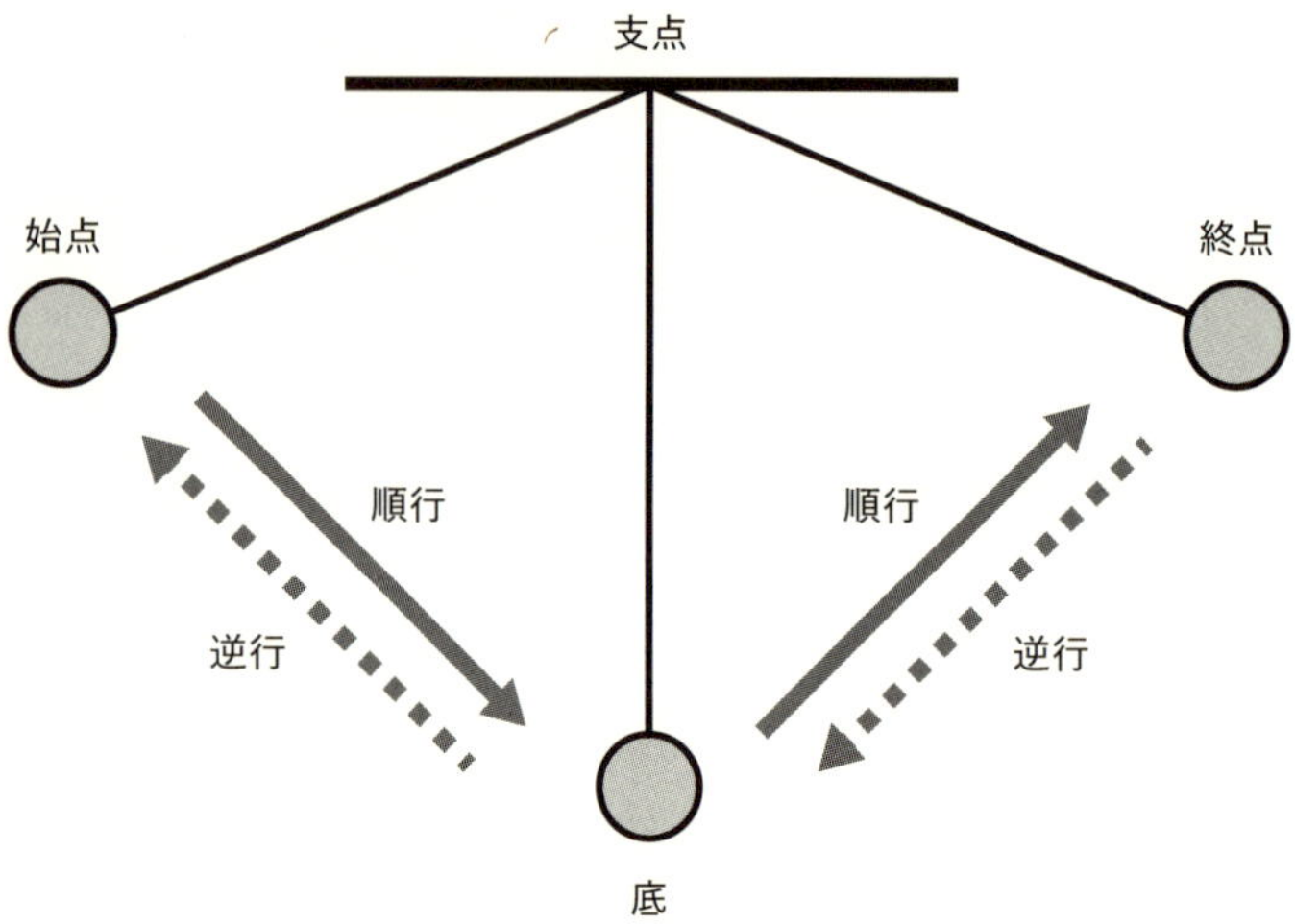

樸《あらき》を道の比喩として幾度となく言及している。樸が刻まれて器になり、特定の用を果たすことになる。しかし、そこからまた樸に帰る循環をこの比喩ではうまく説明することができない。

　そこで、この循環プロセスをイメージしやすくするために、おそらく老子の時代にはなかったと思われる「振り子運動」を用いて説明することにしよう。

　振り子運動は、始点から運動を開始し、おもりを紐で支える支点の真下となる中間地点を経て、終点に到る。その後、反転して始点に向けて再び運動を開始する。空気抵抗などがある場合、この往復運動は時間とともに減衰していき、最終的には中間地点で停止する。この中間地点を「底」と呼ぶことにしよう。このように振り子運動は、始点、底、終点の軌道を往復運動する。

老子は「道を進むのは退くがごとく」と述べる(老子「上士聞道」)。これは始点から終点へ進むことは、同時に、終点で反転し、再び始点に向けて戻ってくる時期を早めることにつながることを意味する。

道は最初に潜在的勢いとして展開する。形に展開する前の潜在的勢いに該当するのが、位置エネルギーが最大となる始点と終点になる。そこでは運動エネルギーはゼロであり、運動は停止している。しかし、そこから新たな振り子運動が始まっていく。

この始点と終点から始まる運動のなかで、支点の位置や振り子が描く軌道、その傾斜が形、その運動エネルギーが顕在的勢いになる。

- **潜在的勢い**——始点、終点(位置エネルギーが最大)
- **形**——振り子の支点の位置、軌道の傾斜
- **顕在的勢い**——振り子の運動エネルギー

たとえば、新製品のアイデアは潜在的勢いに該当する。それが製品として開発されれば、それは形になる。その製品が上市されると、その売上の成長率は勢いに該当する。あるいは、製品が実現するベネフィットを勢いとして解釈することもできるだろう。

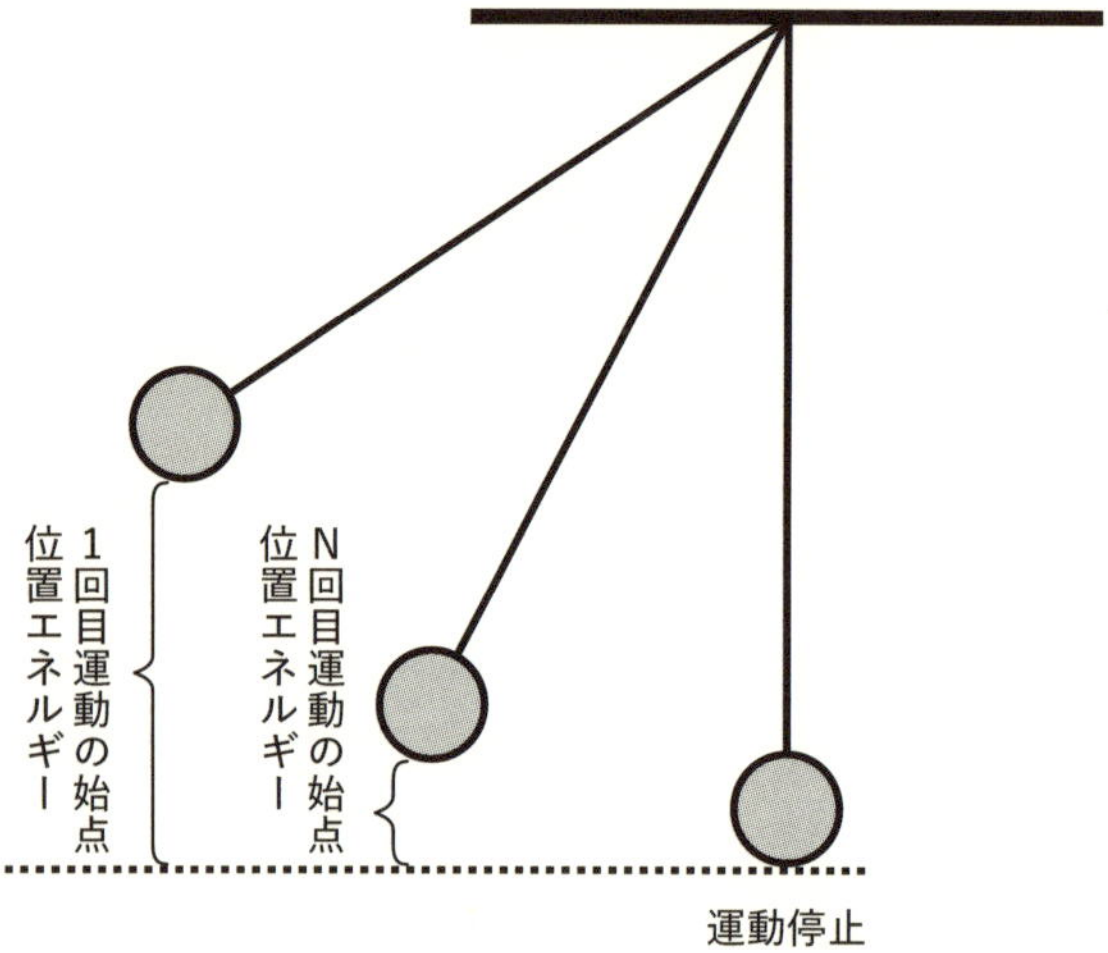

したがって、勢いとしてのパフォーマンスを高めるには、アイデアの魅力度（潜在的勢い）が高く、それをうまく形にしていくことが求められる。特に、製品という形は、潜在的勢いと顕在的勢いを媒介する重要な役割を果たす。そのデザインによって両者の勢いもまた大きく影響を受けることになる。

決断が早いリーダーは振り子運動を意識している

この振り子運動は徐々に減衰していき、底の地点で停止する。これが老子の主張する道の場所に該当する。というのも、「有から無へ」と帰っていくように、道とはすべてのものが帰着する場であるからだ[3]。

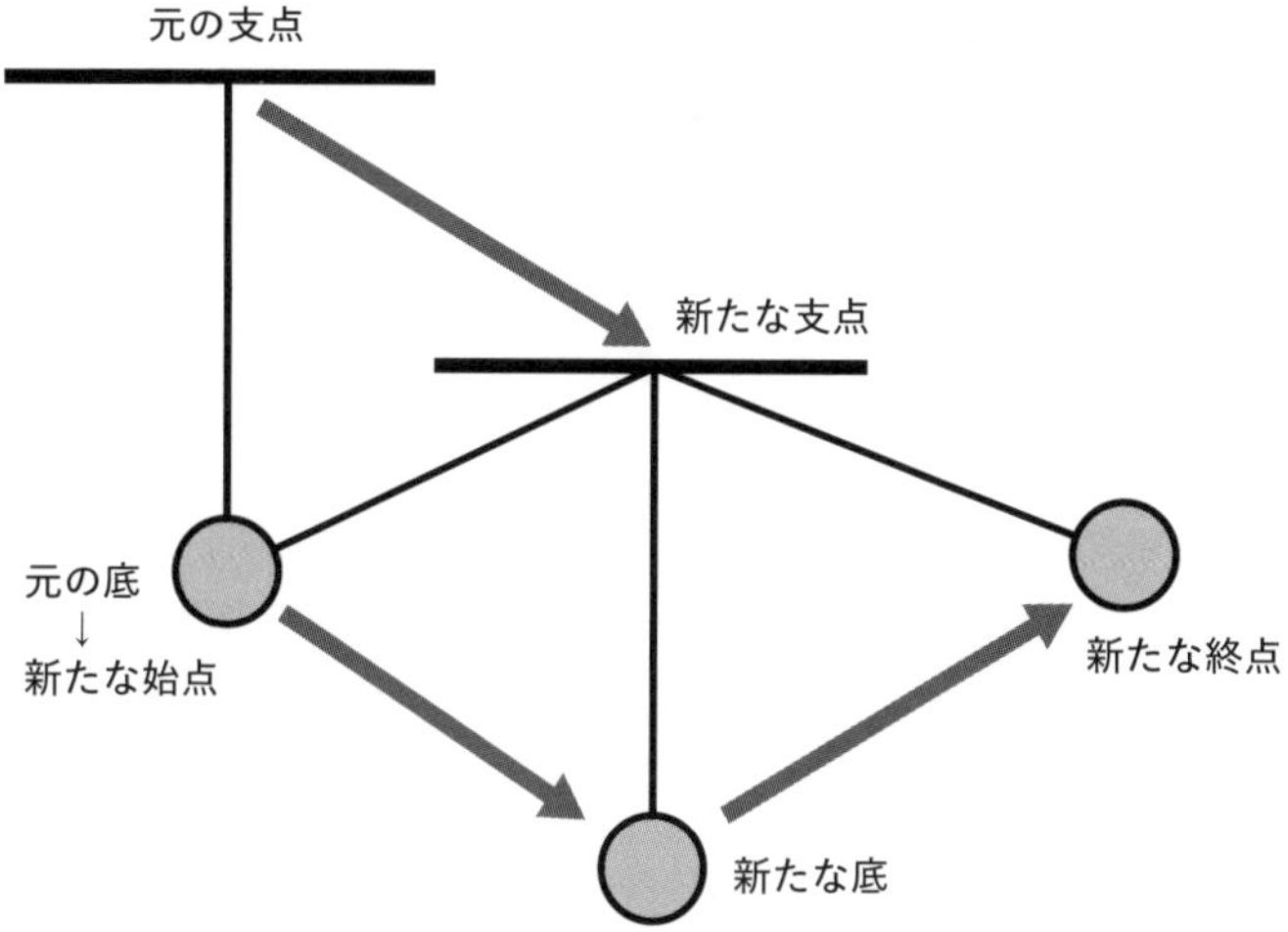

この「有から無へ」の帰着を振り子運動で解釈すれば、始点の潜在的勢いである位置エネルギーが振り子運動の回数を重ねるごとに小さくなっていくことを意味する。最終的には始点の位置エネルギーはゼロとなり、底の場所で停止する。

その一方で、道は同時に万物の根源であり、あらゆるものを創造する場でもある。振り子運動では、それは支点が横(図でいえば右下)にずれることによって可能になる。そうすると、底だった場所が新たな振り子運動の始点となり、新たな位置エネルギーを得て始点と終点との間の振り子の循環運動が繰り返されることになる。

つまり、道とは底の場所を指し、いまの振り子運動の底は、それが減衰して最終的に行き着く場所を示す。それは「有から無へ」のプロセスにほかならない。

一方、その帰着点である底から支点が横にズレることで新たな振り子運動が開始される。この支点が横にズレる働きが無の場所における創造であり「無から有へ」のプロセスになる。

したがって、振り子運動の道とは、底を指し、それは既存の振り子運動が減衰して帰着する場であると同時に、そこで創造が行われ、新たな運動が開始される始点にもなる。

この創造は、底である道の場所で老子の聖人が新たな潜在的勢いを直覚し、それを展開させていく行為になる（第七計参照）。別の表現をすれば、いまの底が実は新たな振り子運動の始点となること、つまり新たな位置エネルギー（潜在的勢い）に気づくことが創造の第一段階になる。

これに気づくと、振り子の支点は右側に自動的にズレる。あとは新たな始点へと姿を変えた地点から振り子運動を開始すれば創造は完結する。もちろん、人が関与せず、道そのものがこの創造を担うこともある（自然現象など）。

このような循環的なダイナミック・プロセスが、老子の説く静かなるプロセスになる。それは次の段階から構成される。

① 始点から終点に向かう順行

②終点から始点に向かう逆行
③底での停止（破壊）
④新たな振り子運動をつくり出す創造

つまり、「順行」「逆行」「停止」「創造」の4つの段階から振り子運動は成立する。本計との関連でいえば、「順行」と「逆行」がペアであることがポイントになる。

このことは、パフォーマンスが上昇していれば、必ず下がるときがくることを意味する。いわば「驕れる人も久しからず」であり、この振り子運動は「盛者必衰の理をあらわす」。

優れたリーダーは、この振り子運動を常に意識している。何もしていないように見えて、老子の静かなるプロセスにしたがっている。だから、決断が早いのである。

第三計で学ぶ老子の教え

- **静かなるプロセスとは道→徳（潜在的勢い）→形→勢（顕在的勢い）の流れである。**
- **形を操作することで、潜在的勢いや顕在的な勢いを望ましい方向に刺激**

する。
●順行と逆行の両者が交互に生じる循環運動を常に念頭においておく。

【注】
(1)Pierre Daix, *Le Cubisme de Picasso*, Neuchatel: Ides et Calendes, 1979, p.67.
(2)なお、この比喩では潜在的勢いである位置エネルギーが山の斜面として展開しているわけではないので、比喩としては限界がある点に注意してもらいたい。ただし、潜在的勢いである徳と形、勢いとの関係についてはわかりやすい例になっていると思われる。
(3)振り子運動でいえば、無の場とは復元力が働かない平衡位置になる。重力が復元力として振り子を平衡位置へと戻そうとするように、有を無へと戻そうとする復元力が働いているものと解釈することもできるだろう。ただし、無から新たな運動が発生する点では通常の振り子運動とは異なる。

第四計

目指す方向の逆を行く！

——賢者の選択

将にこれを歙《ちぢ》めんと欲すれば【將欲歙之】

もの力を弛めたいなら、しばらく反対にこれを張る。弱くしたいなら、しばらく反対にこれを強くする。廃れさせたいなら、しばらく反対にこれを栄えさせる。

満たされることを望まない

第三計で述べた振り子運動の始点、終点はどのように決まってくるのだろうか。振り子運動を開始する際、まずは始点の選択が必要になる。これもリーダーの大事な仕事である。しかし、そもそも始点、終点とはどのようなものを意味するのだろうか。振り子運動とはいったい何をする運動なのだろうか。

老子から読み取れるのは、「美醜」「貴賤」「高下」「柔弱」といった両極端であり、それらの間を往復運動することである。これは、何らかのパフォーマンスの上限と下限を意味するものと考えられる。始点が下限、終点が上限になる。

しかし、これは一方向的な運動ではなく、上限に達したら、今度は下限へと移行する。老子は次のように述べる。

道《みち》を以《もっ》て人主《じんしゅ》を佐《たす》くる者《もの》【以道佐人主者】

善は、目的を果たしたらそこでやめることである。勝ちに乗じてさらに戦うことはしない。勝利しても驕らずそれを誇ることもなく、それはやむを得ずしたことであるにすぎない。これを「目的を果たしたら

強であってはならない」という。「壮」であるものはすぐに老いる。これを「不道」（道でないもの）という。不道はすぐに滅びる。

目的を達成したり、戦いに勝利しても、そこにとどまり続けて「強」や「壮」（盛ん）であり続けるのは「不道」になる。「不道」とは静かなるプロセスの往復運動を無視していることを意味する。「壮」であってもそれはすぐに「老」となり衰える。永遠に勝ち続けることはできないのである[1]。

ここまでは常識的に理解できるだろう。しかし、老子はここでは直接言及していないけれども、次に取り上げる「古之善為道者」と「曲則全」を読むかぎり、「老」はまた新たに「壮」へと移行することになる。つまり、負け続けるようになっても、再び勝ちに転ずることができるようになる。

なぜ、そのようなことが可能なのだろうか。

古《いにし》えの善《よ》く道《みち》を為《な》す者《もの》は【古之善爲道者】

だれがこの濁った水を静かにし、清い状態に戻すことができるだろうか。だれが長く安定しているものに対し、再び動かしてものに応じた働きを生み出すことができるだろうか。このような道を歩む者は、虚にし

て満たされることを望まない。満たされることを望まないから、壊れても新たに生じさせることができるのである。

水の「濁」から「清」へ、物の「安（休止）」から「生（働き）」への運動を可能にするのは、各々「静」と「動」となる。濁った水を静かにしておくと、濁りは沈殿して清水となる。休止している物を動かすことで再び何らかの機能を果たすようになる。

このような「静」や「動」によって新たな運動を開始することができるのは、ただ自然の道にしたがっているからにほかならない。つまり、静かなるプロセスにしたがうことで、停止した運動の再開が可能になる（その詳細は第七計、第八計で解説する）。

「満たされることを望まない」とは、一地点にとどまり続けるのを望まない、すなわち、往復運動、相互作用を継続することを意味する。

このように振り子運動は、何らかのパフォーマンスが変動することを単純なモデルとして示したものになる。したがって、振り子運動の始点、終点の両極端は、あらゆる両極端を意味するのではなく、

「振り子運動の両極端は、パフォーマンスの上限と下限を指す」

しかし、多くの対立する両極端はこのようなものになる。たとえば、善悪、美醜があれば、善や美はパフォーマンスの上限、悪や醜はその下限となる。その両極端の間のどこに位置するかでパフォーマンスの評価（価値評価）が可能になるとともに、上限に到達していないのであれば、当面は上限に向けて向上していくことが目的となる。

この上限に向けた運動を行う際、老子の振り子運動はどのような新たな視点をもたらすのだろうか。

木は曲がることで長寿を全うする

この点で老子は過激な助言をしている。

それは、「目指すものとは逆の方向に行け」ということだ。

曲《きょく》なれば則《すなわ》ち全《まった》し【曲則全】

木は曲がることで命を全うする（曲則全）。尺取虫は体を曲げることで前進する（枉則直）。地面に窪みがあることで雨水がそこに満ちる（窪則盈）。着物は古くなることで新しくつくり直される（敝則新）。

少なければ得られ（少則得）、多ければ惑う（多則惑）。だから聖人は、ただ一つ、すなわち道を守り、天下の手本となる。自らをひけらかさない。ゆえに、明らかである。自らを良しとしない。だからその功が認められる。自ら誇らない。だから長くその名誉が保てる。何ものとも争わない。だからすべての人々はかれと争うことができない。古人が「曲がっている木は切られることがない」という「曲則全」は偽りではない。道に従い天寿を全うし、帰るべきところに帰るのである。

通常、木は真っすぐ生長するほうが望ましく、そのほうが長寿になると考えられる。しかし、事実はその逆であり、木は曲がることで長寿を全うすることができる。それはどうしてなのか。それは、曲がった木は役に立たないため伐られることがないからだ。同様に他の部分を解釈するならば、尺取虫は体を伸ばすのではなく、曲げることで勢いをつけ、前進することができる。地面に空洞の穴を掘ると、そこに雨水がたまり、満たされることになる。

この教えでは、曲則全、枉則直、窪則盈、敝則新、少則得、多則惑という言葉が続いている。これらは反対概念を組み合わせ、それらが等しいとしている。もっとも、少則得、多則惑は反対語の組み合わせではないが、少則多、多則少、として解釈することも可能であり、そうすると、ここも反対語の組み合わせになる。

これらを一般化すると、「A則B」とは「AであるからBが成立する」という関係性を表している。AとBは反対語であるため、Bが望ましい状態であるとすれば、そこに到達

するためにはそれとは反対のA、すなわちBでない状態をつくり出す必要があることになる。つまりは、

「目指すものとは逆の方向に行け」となる。

常識的には、Aに到達したければ、その方向に進めばよい。一見するとそれは近道のように見える。しかし、まずはそれとは反対の方向に進むほうが効率的であると老子は主張する。つまり、「大道は明らかなのに、民は（大道ではない）近道を行こうとする」（老子「使我介然」、本書第九計参照）。あるいは「急がば回れ、瀬田の唐橋」である。

また老子は、「貴賤」では「賤」を、「高下」では「下」を出発点とすべきことを述べている。それはなぜなのだろうか。

昔《むかし》の一《いつ》を得《え》る者《もの》【昔之得一者】

貴いものは賤しいものを根本とし、高いものは低いものを根本とする。

これは、振り子運動で説明すればわかりやすくなるだろう。もし、終点に行きたければ、まずは始点に戻り、そこから出発すべきだろう。

というのも、始点が最も位置エネルギーが高くなるからであり、途中ではなく始点から

運動を開始したほうが終点に到達する可能性は高くなる。あるいは振り子を始点に戻すためには、終点へと振り子を進めることで、やがて反転し、始点に戻る時期を早くすることができる。すなわち、「進歩が退歩、退歩が進歩」につながる。

たとえば、組織に不祥事が蔓延していたとすれば、表面化した不祥事にだけ対処するのでは抜本的な対策にはならない。その場合は、徹底的に膿《うみ》を出し切る必要がある。新たに不祥事を起こすという意味ではなく、すでに存在している不祥事をすべて白日の下にさらす。すると、不祥事の数は一時的にかなり増えることになる。

しかし、そのように徹底して膿を出し切り、落ちるところまで落ちることで、抜本的な対策が可能になり、組織改革に向けての大きな勢いを得ることができる。逆に、極力不祥事が表に出ないように画策し、中途半端に解決しようとすれば、組織改革は非常に難しくなるだろう。

「逆の方向に行け」を文字通りとってしまうと、わざと不祥事を起こせばよいのではないかという誤解を生み出してしまうかもしれない。しかし、ここでのポイントは「勢い」にある。潜在的勢いを生み出すためには、振り子運動で位置エネルギーが最も高い始点や終点に立ち戻るのと同じく、逆の方向に行くというショック療法が有効になる。

「冬の寒いときに水風呂に入る」「夏の暑いときに熱いお茶を飲む」といった生活の知恵もまた逆の方向に行けの実践例になるだろう。ジャンプする前の屈伸や解体的出直し、ゼ

ロベースでの改革なども、同じ論理になる。ただし、

「潜在的勢いが得られなければ、逆の方向に行っても効果はない」

「強」を実現したければ「弱」の方向に進め

したがって、老子は何がなんでも反対方向に行けばよいと主張しているわけではない。むしろ、老子はとるべき反対方向を明確に示している。

それがパフォーマンスの下限を意味する「柔」であり「弱」となる。これらの対立概念、すなわちパフォーマンスの上限は「剛」「強」であり、最終的に「剛」や「強」を実現したいのであれば、まずは「柔」「弱」の方向に進めと主張する。それによって潜在的勢いを高めることにつながるからだ。

将《まさ》にこれを歙《ちぢ》めんと欲《ほっ》すれば【將欲歙之】

ものの力を弛《ゆる》めたいなら、しばらく反対にこれを張る。弱くしたいなら、しばらく反対にこれを強くする。

廃れさせたいなら、しばらく反対にこれを栄えさせる。これを奪いたいなら、しばらく反対にこれを与える。これを「微明」（わかりにくい隠微な智慧）という。柔は剛に勝ち、弱は強に勝つ。魚は池から出られないように、この微明からはずれることはできない。

相手を強くし栄えさせ、相手に与えることで、逆に、相手を弱くし、廃れさせ、相手から奪うことができる。相手を自分にとって望ましい状態に追い込むためには、それとは反対の状態に持ち込むようにする。

この智慧を「微明」、すなわち隠された智慧と呼ぶ。なぜ隠されているかといえば、それは常識に反することを推奨しているからにほかならない。

この微明の1つが、「柔よく剛を制す」になる。第二計ですでに述べたように、剛を制するためには、交戦に到るまでに自軍の勢いを強くし、相手を圧倒する必要がある。具体的には、敵の一部を切り崩し、自軍へと寝返らせる。そのためには、

「相手にへりくだり、臨機応変に対応する柔弱さが求められる」

したがって、剛強に勝つためには、自らが柔弱となればよい。それは交戦前に味方を増やし、勢いを強化していくことを意味する。

どうしても交戦に到った場合、柔よく剛を制するためには2つの方法があった。

1つは「無形の戦略」であり、これはまさに臨機応変の対応力、行動力を意味する。もう1つが詭道であり、敵に本当は「強」であるものを「弱」と思わせ、本当は「弱」であるものを「強」と誤解させる。これは見せかけ上の「柔弱」によって量的優位性を生み出し、実際の「剛強」によって敵に勝つことを意味する。

これらはいずれも柔弱さによって勢いを得るという点で共通している。剛柔、強弱という両極端の振り子運動でとらえるならば、剛や強に到達するためには、柔や弱から始め、勢いを確実なものにしておく。つまり、

「まずは柔弱から始めよ」

ということだ。それで勢いを得て、剛強を目指せばよい。

老子が説く決断の基軸

このようにパフォーマンスの上限と下限の間を往復運動することが振り子運動であり、老子の静かなるプロセスは、このような軌跡をたどる。

この場合の出発点の選択は、文字通り始点になり、それは柔弱から始めることになる。それに対し、パフォーマンスという量的に測定することができる次元ではなく、質的に異

なる2つの選択肢に直面した場合、どのような選択をするべきなのだろうか。

この点に関し、ある大企業の研究開発担当役員から聞いた興味深い話がある。その企業では、社長が代わると必ず前任者とは逆の方向に「ちゃぶ台返し」が行われたという。研究開発でたとえば事業部向けの開発研究に重点をおいていた時期があれば、トップが交代すると今度は基礎研究に注力し、新たな事業開発を目指した研究が重視されたという。いわば深化と探索のちゃぶ台返しであり、トップの交代を節目にそのようなことが行われてきたそうである。おそらく、前任者で深化ばかりが行われていたとすれば、今度は探索に転じ、バランスをとろうということがその意図だと思われる。

このちゃぶ台返しの副次効果として、両極端を経験できる点を指摘することができる。たとえば、探索をしていたとしても、深化の時期の経験を通じて市場や事業部の事情がよく理解できているため、実現可能性のある研究開発が可能になる。逆に、事業部向けの研究開発に注力していても、探索の経験があれば、より大きな視点から問題解決が可能になる。

つまり、探索、深化という質的に異なる選択肢に直面した際、そのどちらか一方のみをこの企業は選択した。しかし、そのことは他方の選択肢を完全に放棄したのではなく、その選択肢の機能は依然として維持されているのである。

実は、これが老子の推奨する決断の基軸となる。

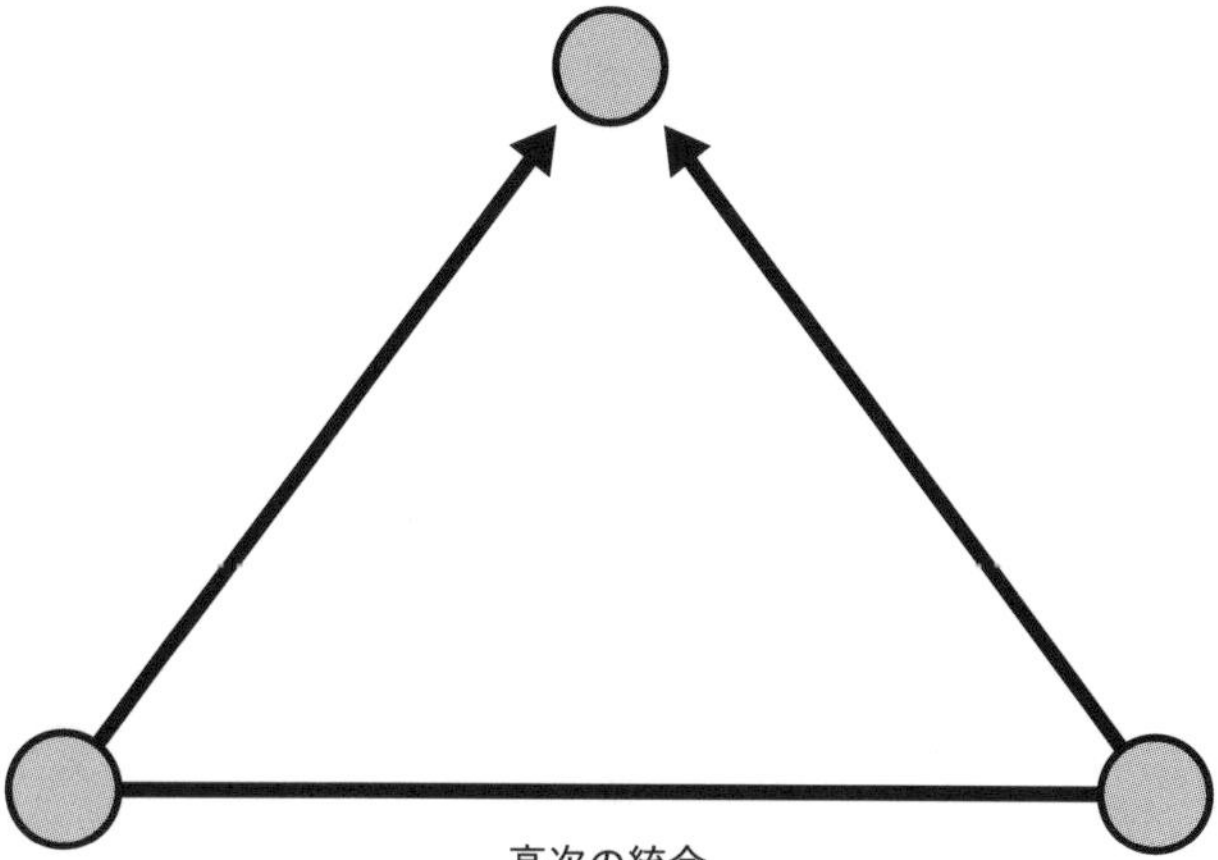

高次の統合
(中和・止揚)

以下では、対立する2つの選択肢があった場合の老子が推奨する決断の基軸について考えてみることにしたい。

2つの対立する選択肢が与えられた場合、その決断の中身は主に2通りある。

①どちらかを選択する(中権)
②第三の選択肢を選択する(中和)

まず、②について考えてみよう。ここでいう第三の選択肢は、弁証法では止揚や合(ジンテーゼ)と呼ばれるものになる。中国思想でこれらに相当するのが、「中和」になる。「中和」とは「中庸」にある「喜怒哀楽の未だ発せざる、之を中と謂ふ。発して皆な節に中る、之を和と謂ふ」からとられたものであり、両極端のいずれかを選択するのではなく、その中間のバランスのよいところを選択することで高いパフォーマンスを達成することを意味する。したがって、弁証法のように矛盾を突き詰め解消するというよりも、矛盾はそのままにしてバランスをとるというニュアンスが強い。

三角形でいえば、底辺の両端を否定し、三角形の頂点へと移行することに該当する。これは、複数の点から単一の点への統合であり、いわゆる弁証法の正、反、合に相当する高次の統合（三角形の頂点）を意味すると解釈されてきた。[2]

それに対し、①は中権と呼ばれ、両極端を肯定し、状況に応じてどちらかを使い分けることを指す。これは「孟子」にある「執中無権、猶執一也」（中を執って権なきは、なお一を執るがごとし）の解釈にもとづき導き出されたものだ。ここでいう「権」とは秤《はかり》の分銅を指す。

天秤をイメージしてもらいたい。天秤で重さを量るとき、一方に対象物、他方に分銅を載せ、天秤棒が水平になるように調整する。このようなバランスをとらないでただ中点のみを選択することは、1つの極端思想と同じであると孟子は批判する。

さらに、権にはもう1つ、臨機応変の処置という意味がある。したがって、権があるなかで中を執る「執中有権」は、両極端を臨機応変に乗り換え、両極端のバランスをとることを意味する。たとえば、左の図は、右が重くなっているので左の皿に重りを載せ、両者がバランスするようにした状況を表している。[3]これは具体的には逆張りを意味する。

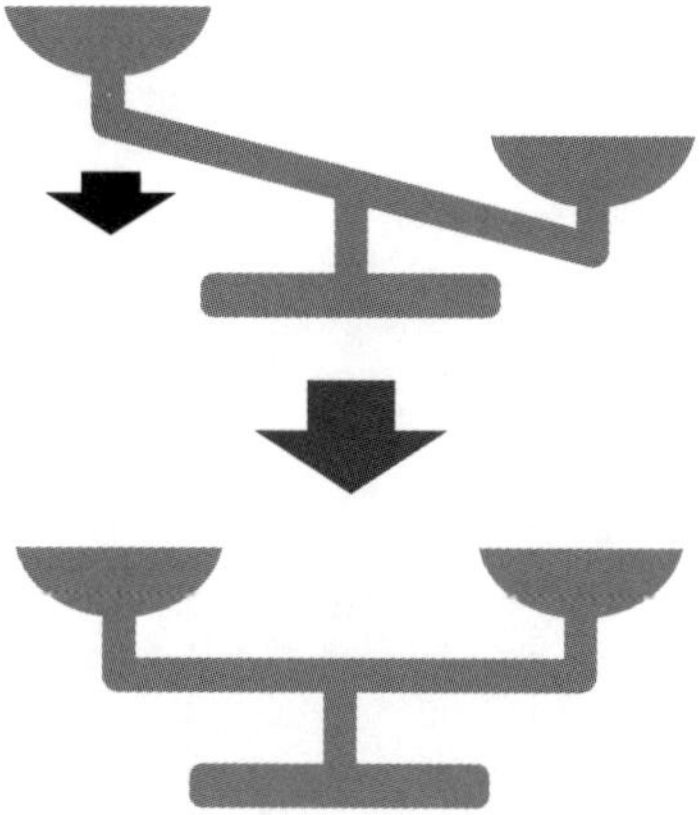

左右のバランスをとる
（執中有権）

「もうはまだなり、まだはもうなり」という株式投資の格言があるように、「もう買いだ」というときは「まだ買わない」、「まだ売らない」ときには「もう売る」ことになる。「中庸」にある「時に中す」、すなわち「時中」とは、両極端のどちらかを選択し、バランスをとることを意味する。(4)

両極端の中点を選択する「中和」と、両極端のどちらかを状況に応じて選択する「中権」のなかで、老子の思想に近いのは後者の「中権」になるだろう。ケース問題1で取り上げるように、老子もまたバランス、平準化を説いており、富んだところから不足しているところへリソースを移転すべきことを説いている（老子「天之道」）。

出頭するか逃げるか、賢者の選択は？

ただし、両極端のどちらか一方のみを選択したとしても、老子の場合は他方の選択肢を放棄しているわけではない点に注意しなければならない。たとえば、柔弱であることを選択するのは剛強さを発揮するためであり、剛強さを捨てているわけではない。第七計で見るように、むしろ柔を守ることが強であると老子は主張している（老子「天下有始」）。

あるいは、第十計で検討する「雄を知り雌を守る」（老子「知其雄守其雌」）という文がある。雄と雌という両極端に対し、雌を選ぶものの雄を知るということは、雌を選択すると同時に雄の強みを発揮する能力も保持することを意味する。

つまり、一方の選択肢を選択する目的は他方の強みを生かすことにあり、後者を捨てているわけではない。両者を生かすために、あえて一方を選択する。この点で老子の説く決断の基軸は、孟子の「中権」とも異なる。その違いとは、次の点にある。

「一方を選択することで、両者の機能を同時に実現する」

たとえば、グローバル企業が本社主導から現地組織への分権化に舵を切ったとしよう。

これは分権化、集権化という2つの選択肢のうち、分権化を選択したことを意味する。しかし、それと同時に分権化された現地組織間を調整・統合する機能を同時に保持しなければならない。

日本企業で多いのは、日本人社員の海外派遣による人的統合であり、権限委譲した現地組織の長は本社から派遣された日本人が務めることでスムーズな調整・統合が可能になる。

老子の老獪《ろうかい》さは、次の点にある。

「両者を生かすために一方を選択し、他方を切り捨てる」

老子にかぎらず、中国思想の特徴の1つはこの両面思考にある。(5) これは、両極端を否定するのではなく、それを生かしながら決断していくことを意味する。

たとえば、春秋時代の呉の政治家であり、(「孫子」の著者と言われている)孫武《そんぶ》とともに呉の国勢拡大に貢献した伍子胥《ごししょ》は、もともと楚《そ》の国の人であった。

楚王は伍子胥とその兄をともに殺さなければ将来の禍になると考えた。そこで無実の罪でその父を捕らえ、使者を送り、二人が出頭すれば父の命を助けるが、出頭しなければ父の命はないと伝えた。

伍子胥はこれが計略だと考え、兄に出頭しないように伝えた。ところが兄は、計略であると自分も思うが、父を助けずに逃げれば天下の笑い者になる。自分は出頭するが、伍子胥には呉に逃れて将来復讐してほしいと述べ、かれは出頭し、父とともに殺された。その後、伍子胥は呉王の側近として登用され、楚を打ち破り復讐を遂げることに成功した。

出頭するか逃げるかという二者択一に対し、兄は出頭し、弟は逃げることで伍子胥の兄弟はこの両極端をともに生かす手をとった。これは両面思考の典型的な例になるだろう。

日本でも関ヶ原合戦が勃発したとき、真田家では昌幸・幸村親子が西軍につき、幸村の兄、信之が東軍に分かれて戦い、勝利した東軍に属した信之が真田家を存続させたのも似たような事例になる。

ただし、老子は二者択一で両者を選択せよとは述べていない。老子は「どちらか一方のみの選択」を迫る。

しかし、結論は同じだ。それは「両者の機能を発揮する」ということである。したがって、一方の選択なのか両者の選択なのかが問題なのではなく、「両者の機能を実現する」ことがポイントになる。

「和して同ぜず」のビジネス成功事例

このような対立する両極端の間の循環運動は、中国思想に共通してみられる。この両極端の対立は、永遠に続くものであり、それを完全に解消することはできない。

もちろん、対立する軸を統合していくことは可能だ。たとえば、インポッシブル・フーズは、ベジタリアンと肉好きという対立する顧客層をターゲットにした植物ベースの肉製品を開発した。この製品は、本当は肉を食べたいが、動物愛護や環境問題、宗教上の理由からベジタリアンになっている顧客の対立するニーズを同時に満たすことに成功しており、多くの顧客を惹きつけることに成功した。

テスラは、安全性と自動化という対立する要素を高度な自動運転技術で統合した。完全な自動運転は安全上のリスクを伴うのに対し、テスラは先進的なセンサーやＡＩ技術を用いて安全性を向上させるとともに、運転の利便性を高めることに成功している。

しかし、これらの統合後に対立が完全になくなっているわけではなく、対立するものが同時に一定の水準で満たされているにすぎない。植物ベースの肉製品はベジタリアンでも安心して食べることができる。しかし、本物の肉と比べれば味は落ちるため、肉にこだわりのある顧客の高い満足度を得ているわけではない。やはりそこには改善の余地があり、対立は残り続けている。

この両極端の対立は、二者択一の選択肢としてどちらかが選択され、一方が切り捨てられることのほうが多い。たとえば、アドビが買い切り版ソフトウェアの販売を廃止し、サブスクモデルに完全に移行したのはそのような選択になる。

しかし、潜在的な選択肢として買い切りモデルがなくなったわけではなく、ただアドビがそれを選択しなかったにすぎない。同社が将来的に買い切りモデルを再び導入することもあり得る。つまり、たとえ両極端のいずれかのみが選択されたとしても、選択されなかった選択肢は潜在的なオプションとして残り続ける。つまり、

「対立する両極端は完全になくなることはない」

いまでも中国の農村にある古い家に行くと、門の両脇に対句を記した対聯《ついれん》が見られる。中国の詩文は対句の形式をとっているものが多く、そのなかには対立する両極端の矛盾や相関関係を記したものもかなり見られる[(6)]。

それらは、矛盾を解消することを目的としているのではなく、対立、矛盾が常に存在することを認めることに主眼がおかれている。中国思想の特徴は、この対立をそのままに認め、それを解消するのではなく包摂しようとするところにある。

優れたリーダーは、対立を無理に解消しようとせず、「和して同ぜず」（論語）を心がける。しかし、多くの組織では「同じて和せず」、つまり事なかれ主義で表面的に妥協し、対立を糊塗し、見て見ぬふりをする。

むしろ必要なのは、対立をそのままに認め、それを包摂し、その相互作用を維持し続けることである。

この計では、老子を理解するうえで重要な静かなるプロセスと、そこから読み取れる決断の要諦を解説した。

ここまで読まれた方は、振り子が動き出した後に勢いを増すための「形」をどうデザインすればいいのかという疑問をもたれたかもしれない。第五計では、動き出した振り子運動に、どのように対処すべきかについて見ていくことにしよう。

第四計で学ぶ老子の教え

- まずは柔・弱の方向に向かい、そこで勢いを得て剛・強を目指す。
- 両極端の選択の場合は、一方（または両者）を選ぶことで両者の機能を

同時に実現する。

●両極端の対立は、永遠に続くものであり、それを完全に解消することはできない。

【注】

(1)パフォーマンスの下限が始点、上限が終点だとすれば、最終的には下限である始点に減衰するというように思われるかもしれない。しかし、第三計で指摘したように、徐々に始点の位置エネルギーが低下していき、最終的に始点が平衡位置である底に収束していくのが有から無への移行であった。最終的に帰着する無（底）とは、上限に向かうエネルギーを生み出さない始点としての下限のことである。つまり、この下限では、そこにとどまり続けるしかないような場を意味する。

(2)たとえば、金谷氏は次のように述べている。「……こうした中庸の包容的な意味、あるいは統合性というものがわかりますと、……それは直線的であるよりは構造的に考えた方がよいということになります。……つまり『右でもなく左でもない』という両端の中ですと、……直線で考えることができます。しかし、中庸はそんなに簡単ではない。……右と左とが均等に中央に歩み寄ってきて、そこで質的な高まりを見せる、いわば頂点を形成する、といった構造で考えるのが適切です」金谷治『中国思想を考える』中公新書、１９９３年、１４２～１４３ページ。ただし、金谷氏はこの頂点は、両端の点が消えたのではなく、そこに含まれており、矛盾を突き詰めて考える弁証法とも違うと述べている。

(3)この図は、小倉正昭「中庸思想の実現方法論――対の思想から考察した中国政治思想の構造論研究（二）」『鈴鹿工業高等専門学校紀要』第48巻、１０１～１２０ページ、２０１５年、にある図にもとづいて作成した。

(4)「これを体用の論理で纏めると、未発の中（体）の用は和であり、執中有中（体）の用は時中であると結論できる」。小倉「中庸思想の構造論――対の思想から考察した中国政治思想の構造論研究（一）」前掲論文、126ページ。ただし、この文のなかで「執中有中」は「執中有権」の誤植であると思われる。なお、島田虔次氏は、「中庸」に現れる「中」とは、「未発の中」と「時中の中」の2種類があることを指摘している。小倉氏のモデルでは、前者は、中和論、後者は中権論に属す。島田虔次『大学・中庸（下）』朝日新聞社、1978年。ただし、時中はその時と場において最適解を実現することとして解釈する考え方もある。
(5)金谷『中国思想を考える』前掲書。
(6)大濱晧『中国的思惟の伝統――対立と統一の論理』勁草書房、1969年。

第五計

成功する人は徹底的に手を抜く！

──過少の効果

足るを知る者は富む【知人者智】

足ることを知る者は富む。

サービス精神が旺盛なほど顧客は離れていく

ここまで述べてきたように、振り子運動が継続しているときには、無の効力を追求するのが優れたリーダーになる。つまり、振り子運動の最中には、「何もしない」ことが原則となる。

では、なぜ何もしないことが有効なのだろうか。本計では、振り子運動に伴う戦略的手抜きを意味する「補償効果」という観点からこの問題について考えていきたい。

たとえば、家具・家庭用品のグローバルな小売企業であるイケアについて取り上げてみよう。イケアの価格競争力やその柔軟なグローバル展開を可能にしているのが、「フラットパック」と呼ばれる手法だ（イケアについてはケース問題5で詳しく取り上げている）。

これは家具をバラバラにしてフラットに梱包することを意味する。フラットな梱包になっているため、工場で組み立て作業は不要である。また、家具の完成品の輸送とは異なり、フラットパックであればコンテナでの輸送が可能であり、倉庫での保管も容易になる。

その結果、生産コスト、物流コストは競合と比べて大幅に削減されることになる。その分、顧客は自宅で家具を組み立てるという面倒が生じるが、それを補って余りあるほどの低価格を実現している。

これがイケアの競争力の源泉になる。このようなシンプルな枠組みであるフラットパックがあるからこそ、国に応じた柔軟な製品開発や自由度の高いビジネス展開を可能にしている。

メッセージングアプリSlackの創業者、スチュワート・バターフィールドは、その開発当初、オールラウンドに機能する製品を開発するのではなく、他の多くの望ましい機能を犠牲にして、「検索」「デバイス間同期」「ファイル共有」の3つの機能だけにすべてのエネルギーを費やした。

当時の競合は、Yammer、HipChat、Campfireなどであったが、それらは普及していなかった。

バターフィールドは次のように語っている。

「私たちは、驚くほどきわめて優れたものとすべき3つのことを選択する際、多くの会話をしました。そして、最終的にその3つを実際に重視して、Slackを開発しました。シンプルに聞こえるかもしれませんが、分野を絞ることで、企業にとって大きな挑戦や利益を達成しやすくなるように感じます。ユーザーに本当にインパクトを与えることで一番となり、突如として、ゲームで優位に立つことができるのです(1)」

通常、製品やサービスを開発する際、できるだけ多くの機能を盛り込もうとする。あらゆる機能をカバーし、そのいずれにおいても平均以上のパフォーマンスを達成することを目指す。開発担当者は、それが顧客の価値を高めるものと信じている。

しかし、そのようなオールインワンの製品・サービスは、必ずしも顧客の心には響かない。心理学的にいえば、それは顧客の認知負荷を高め、製品・サービスがもたらす情報を処理しきれなくなるからだ。逆に、特定の機能に絞ったもののほうが理解しやすく、インパクトもある。

イケアやSlackの事例が示唆するのは、サービス精神が旺盛であればあるほど、顧客は離れていくということだ。つまり、重要なのは「厚盛り」ではなく、「成功するためには徹底的に手を抜くこと」である。ここでいう「手を抜く」とは、過剰になる「厚盛り」を控え、最適なところ、望ましいと考えられるところよりも一歩、手前でとどまることを意味する。

このような戦略的手抜きがもたらす「補償効果」こそが、ビジネスモデル革新の鍵となる。老子の説く聖人の道とは、この「戦略的手抜き」のことを指す。

補償効果とは、足りないものがあればそれを補おうとする効果であり、逆に過剰であればそれを奪おうとする効果を指す。ここでは前者を「過少の効果」、後者を「過剰の逆効果」と呼ぶことにする。

次の図の矢印は、この効果の方向性を表している。過少の効果では、現在の位置よりも前進させる働き、過剰の逆効果では現在の位置から後退させる働きが生じる。

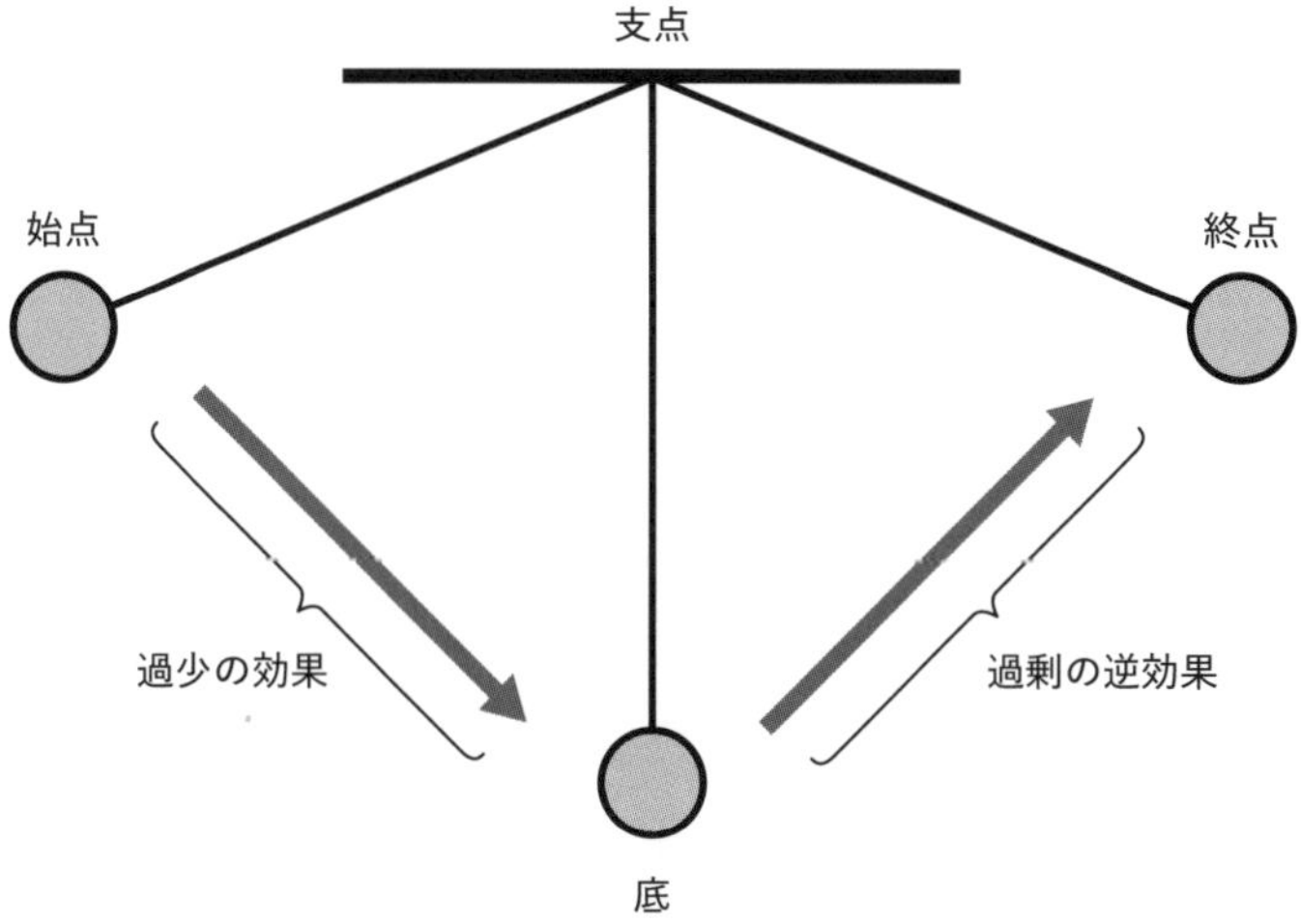

振り子運動の場合、過少の効果は始点から底までの間で生じることになる。それは勢い(運動エネルギー)が強い段階であり、その勢いに任せておけば事は自然に進展していくことになる。ここであえて先に進もうとしたり、逆にその進行を止めようとすれば、人為となる。

老子の説く聖人は、この段階で何ら作為をすることはない。ただ自然の流れに任せるだけになる。

一方、凡人はこの流れに身を委ねることができず、いろいろな作為をしようと干渉する。

逆に、過剰の逆効果は、底から終点の間で生じる。この段階では振り子の加速度は減少し、徐々に運動エネルギーはゼロに近づいていく。つまり、勢いは次第に弱まることになる。それは勢いのピークを通りすぎているからであり、底を通りすぎると位置エネルギーが高まるため、その分、運動エネルギーは減少することになる。これが過剰の逆効果になる。

聖人は、このようなピークまで物事を進めようとはしない。過少の効果を狙い、最適よりも一歩手前のところにとどまる。一方、凡人は、勢いに乗れば、そのままピークを過ぎてもそれにしがみつき、さらに前に推進しようとする。

以下では、この2つの効果について具体的に見ていくことにしよう。

過少の効果——始点から底までの戦略

大河の水の勢いは、即座に人為で止めることはできない。老子の価値基準では、最小の労力で最大の効果を上げることが尊ばれる。したがって、たとえ川の流れの方向に前進することであったとしても、その努力は過少にとどめておく必要がある。

もし最適な努力水準があるとすれば、それよりも過少な水準に抑えておけば、その格差は勢いが自然に埋め合わせてくれることになる。過少の効果とは、このことを指す。

過少の効果のキーワードは「嗇《しょく》」になる。つまり、すべてを控え目にするということが行動指針となる。

控え目というのは積極的に動かないことではなく、勢いに反抗せず、すぐに順応することを意味する。老子はこのことを「早服《そうふく》」と表現している。勢いに早く服従するということだろう。勢いが出ている段階では、次のことが求められる。

「余計なことをせず、何もしないで戦略的に手を抜く」

ここでいう「戦略的」とは、手を抜くことで過少の効果を引き出すことを意味する。この補償効果が発揮されないで手を抜けば、当然ながら事態は悪化する。これは言葉通りの手抜きであり、決して「戦略的」ではない。

人《ひと》を治《おさ》め天《てん》に事《つか》うるは【治人事天】

民を治め、天に仕えるには、「嗇」(物事を控え目にする)に及ぶものはない。ただ嗇、これを「早服」という。早服する者は、徳を積むこと厚しである。徳を積むこと厚ければ、すべてのものに打ち勝つ。すべてのものに打ち勝てば、その働きは限界がない。働きに限界がなければ、国を安全に保つことができる。国を安全に保つための母、すなわち吝嗇によって国は永遠に生き続ける。いわば根を深くして幹を固める国家長久の道なのである。

老子は、この早服、すなわち戦略的手抜きにより、徳を積み重ねることができるという。徳とは潜在的勢いであり、この勢いにすぐに順応することで、川の水が上流から下流に流れるにしたがって水の勢いが増すように、勢いは積み重ねられていく。

このような勢いさえあれば、すべてのものに打ち勝つことができる。大河の水の勢いはあらゆるものを打ち砕き、それを止めることはできない。このような勢いを得ることができれば、国は安全を保つことができる。

したがって、勢いを感知し、その流れに素早く順応していくことが国家長久につながっていく。これは国家のみならず、組織においても同様だろう。組織も潜在的勢いを感知し、その徳を積み重ねることにより永続していくことが可能になる。

この勢いに順応する、すなわち勢いに服従するということは、知恵を絞り、工夫を凝らして勢いの流れを変えていこうとするものではない。それは嗇に反し、早服でもない。勢いに服従するとは、川の比喩でいえば、川の流れに乗ることであり、たとえ進む方向が同じであっても、あえて前進しようとする必要はない。

「ただ川の流れに身をゆだね、何もしない」ことが肝要となる。

この嗇による過少の効果は、企業活動でも見受けられる。たとえば、営業、接客の場合を考えてみよう。

相手に対し、買ってもらおうと働きかけるのはマイナスであり、客の立場からすると、営業のプレッシャーが強ければ強いほど不快であり、買うようにお願いされればされるほど、買いたくなくなる。これは購買意欲という勢いに逆行することになる。

ある百貨店では、商品を売ろうとすることをやめ、お客様の問題解決に協力するように方針を転換した。極端な例では、他店に同行してそこで商品を一緒に探すといった行動を推奨した。その結果、売ろうとしないことで逆に売上が急増することになったという。これは、心理学的にいえば、無償のサービスを提供することにより、それに報いたいという気持ちを起こさせる返報性の原理になるだろう。

売ろうとしないことで返報性の原理による顧客の購買意欲を刺激し、その勢いを増すことができた。これもまた過少の効果にほかならない。

成功の呪いからいかに脱却するか?

しかし、「成功の呪い」(第三計参照)は戦略的手抜きを難しくする。戦艦大和はまさにその好例であろう。

日本海軍は、日露戦争での勝利の要因であった大艦巨砲主義にこだわり続け、それを体現する戦艦大和を建造した。しかし、時代はすでに日露戦争時の艦隊決戦から航空機で勝負を決する航空主兵主義へと移行しており、戦艦ではなく空母が大きな流れであった。このような流れがあるなかで、それに逆行し、戦艦にこだわり続けた点に太平洋戦争の敗因の1つがある。

ノキアは、2000年代初頭に世界の携帯電話市場でトップの地位にあった。しかし、スマートフォン市場の出現とともに売上は激減し、最終的に携帯電話事業をマイクロソフトに売却することになった。ノキアは携帯電話での成功の呪いにより、iPhoneやAndroidスマートフォンといった革新的なプラットフォームの出現に対応できなかった。

このような成功の呪いから脱却するためには、次のことがポイントになる。

「いまの顕在的な勢いを把握し、戦略的手抜きをする」

顕在的な勢いは、知覚することができる。ただし、戦艦大和やノキアの場合は、すでに最盛期を過ぎた段階のことであり、戦略的手抜きを実施する時機はすでに逸している。戦略的手抜きは、絶頂期こそ実行すべきものになる。

売上が急成長しているときにこの戦略的手抜きを実行せず、過度にコミットすることで失敗した事例はいくつか存在する。

1990年代後半に設立されたウェブバンは、オンライン食品配達サービスの先駆けであり、急速な成長を遂げた。しかし、同社は拡大に際して多額の投資を行い、全米を網羅した配達インフラを構築しようとした。しかし、この過剰な投資は市場の需要を正確に予測する前に実施されたため、結果として巨額の負債を抱え、2001年に破産することになった。

ペッツ・ドット・コムは、インターネットバブル期の1990年代末に台頭したオンラインペット用品店である。同社は売上の急成長に伴い、大規模なマーケティングキャンペーンを実施し、全米展開を推進していった。しかし、そのことが供給過剰を引き起こし、物流コストが急上昇し、収益性が悪化することになった。その結果、ペッツ・ドット・コムは設立からわずか2年後の2000年に事業を閉じることになった。

逆に、成長期にこそ投資を慎重に行い、過度な拡大を意図的に回避している事例もある。小売業者であるトレーダー・ジョーズは、積極的な広告や多くの店舗展開を行わず、むしろ店舗数を抑制して顧客体験のクオリティを重視する戦略をとっている。この戦略的手抜きの結果、同社の顧客ロイヤルティは高く、業界で独特の地位を築いている。

会員制倉庫型店舗のコストコは、新店舗の出店ペースを競合大手小売業者に比べて非常に控えめにしている。コストコは、新店舗の出店に際して厳格な基準を設け、高い収益性が見込める地域にのみ進出する戦略をとっている。その結果、コストコは景気の波に影響をあまり受けない安定した収益を維持し、長期的な成長を達成している。

戦略的手抜きの2つのタイプ

いま顕在化している勢いは当然ながら容易に把握することができる。過少の効果は、既存の振り子運動にしたがうなかでは、知覚できる顕在的勢いを見て戦略的手抜きをしていけば実現することができる。これは比較的容易だろう。

しかし、いままでの事例が示すように、既存の延長線上での投資だけではなく、そこに新たな試みが含まれていることが多い。つまり、

「新しい試みについては、その潜在的勢いについて把握しておく必要がある」

というのも、それによって従来の振り子運動の軌道自体も変化することが予想されるからだ。振り子の軌道変更のなかでも最も重要なのが潜在的勢いの変化であり、その変化を見通さなければならない。

絶頂期にこそ慎重にならなければならない1つの理由は、この潜在的勢いが不確実であ

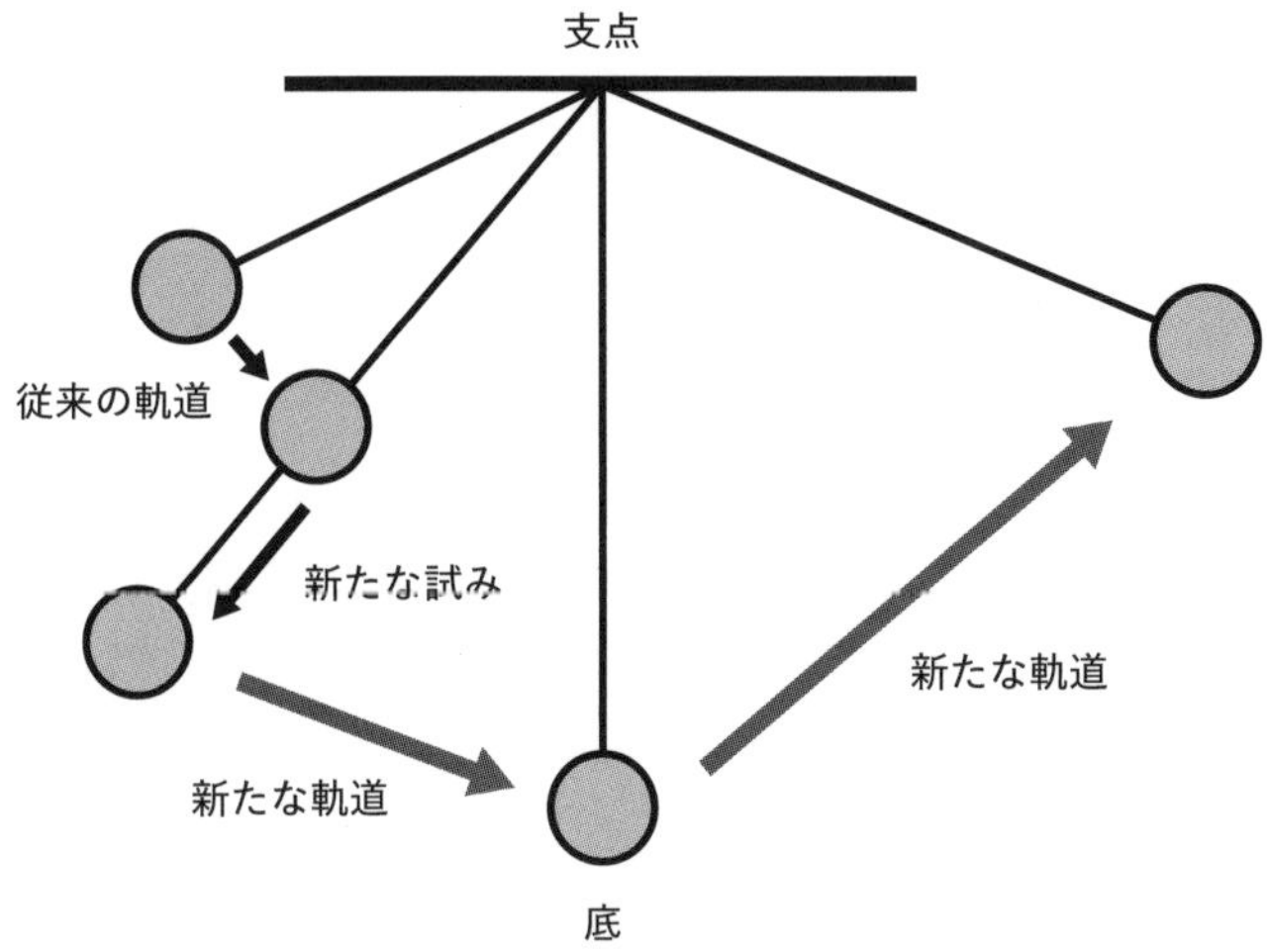

り、予測が難しい点にある。だからこそ、トレーダー・ジョーズやコストコは控え目の投資に終始し、戦略的手抜きを行っているのだ。

したがって、戦略的手抜きには次の2つのタイプがある。

①従来の動きには、顕在的勢いを把握し、手を抜く

②新たな動きには、潜在的勢いを見通し、手を抜く

いずれの場合も「手を抜く」点では共通している。したがって、何事も「嗇」を心がけておけば間違いはない。

ただし、「手を抜く」といっても、その程度は状況に応じて異なる。勢いが強い場合と弱い場合とでは、手を抜いた後の投資額は異なる。当然ながら、勢いがあるほうが手を抜いたとしても投資額は大きくなる。

したがって、「厚盛り」を避け、「手を抜く」にしても、勢いを把握しておかなければならない。特に、新しい試みの場合は潜在的勢いを見通すことが必要になるため、そのことは難しくなる。それが不確実であり、リスクがある場合には、より慎重に、より手を抜いていくことが求められる。

「足るを知る者は富む」のビジネス解釈

もちろん、人によっては潜在的勢いを正確に見通せる場合もある。しかし、そのような場合であっても、依然として戦略的手抜きは必要になる。それはなぜなのだろうか。

老子の答えは、次の有名な言葉に見出すことができる。

足《た》るを知《し》る者《もの》は富《と》む【知足者富】

足ることを知る（知足）者は富む。

「知足」(足るを知る)は老子の他の箇所でも幾度も言及されており(老子「名与身」「天下有道」)、老子のキーワードの1つである。

知足は通常、小欲知足、すなわち、欲を小さくし、すでにあるもので満足することだと解釈される。老子を宗教として解釈するのであれば、それでもよいだろう。出世間、すなわち出家者を前提とした教えである仏教とも整合的である。

しかし、世間のなかで老子の教えを実践しようとするのであれば、むしろ「知足」とは戦略的手抜きとしてとらえたほうがよいと思われる。[(2)] つまり、足りすぎてしまうと、それを減らそうとする過剰の逆効果が生じる。

逆に、やや不足した状態に甘んじていれば、そこに過少の効果が働き、その格差が自然の勢いで埋め合わされ、「富」を得ることになる。知足とは、この過少の効果を理解し、それを活用することを意味する。

それではなぜこのような「知足」の効果が働くことになるのだろうか。それはすでに勢いが潜伏しているからであり、必要なのはその後押しをするだけだからだ。

第三計で述べたように、球を山の上から転がす場合、潜在的勢いは山の高さ、すなわち位置エネルギーを指す。この位置エネルギーが高く、斜面の傾斜が大きければ、球を押すだけで勢いよく転がっていく。

つまり、山の高さや傾斜という「形」があるから、球を押すだけで勢いよく転がすことができる。孫子は、これを川の例で説いている。

勝者の戦いが、まるで堰き止めた水（積水）を千尋の谷底へきって落とすような勢いになるのは、形があるからである。【形篇】

つまり、深い谷という「形」があれば、積水（積水化学工業の社名はここに由来する）は谷底に向けて流れていく。このように勢いを生み出す戦いの形をつくり出すことが重要になる。

そのため善く戦う者は、これを勢いに求め、人に求めない。故に人を選び、勢いに任せるのである。勢いに任せれば、木や石を転がすようなものになる。【勢篇】

この山の頂上から木や石を転がすようにしていくには、ただそれらを押すだけでよい。それ以上の介入は蛇足となる。

この知足を生み出すのは、山の高さや傾斜といった形であり、形によって顕在的勢いは強化される。また、山の高度を変えることはできないものの、高い山を選び、その頂上に行くことはできる。つまり、

「形を選択することで、潜在的勢いを間接的にコントロールすることができる」

ピカソがキュビズム、ジョブズがｉＰｈｏｎｅの潜在的勢いを見通したのは、それを可能にした「形」を選択したからにほかならない。そして、

「選択した形を操作することで直接的に顕在的勢いをコントロールする」

このような形が準備されれば、「知足」のメカニズムが働き、戦略的手抜きが可能になる。その形とは、球が転がり、水が流れる山や谷の形状に該当する。その形状があるからこそ、勢いが増し、勝つべくして勝つことが可能になる。

女性登録者が少ないのに好業績のマッチングサイト

では、ビジネスの領域でこの「形」に該当するものはどのようなものなのだろうか。一般的に使われている用語で最も近いのが「プラットフォーム」になるだろう。

プラットフォームとは、多くの企業や顧客が交流し、相互作用する場を指す。このような場を提供することにより、エコシステムを形成し、そのなかで価値が生まれ拡大していく勢いを生み出すことが可能になる。

アマゾンはもともとオンラインの書籍販売から事業を開始したが、現在では幅広い商品を取り扱う巨大なオンラインマーケットプレイスになっている。アマゾンの成功は、他の小売業者や独立した販売者が自身の商品をアマゾンのプラットフォーム上で出店・販売できるようにしたことによる部分が大きい。

これにより、顧客は多様な商品を1つのサイトで見つけることができるワン・ストップ・ショッピングを実現し、出品者は世界中の顧客にアクセスできるようになったのである。

アップルがiPhoneの販売とともに立ち上げたアップルストアは、開発者が自分たちのアプリを公開し、全世界のiOSユーザーに届けることができるプラットフォームになっている。このプラットフォームにより、アップルは強力なエコシステムを築き、スマートフォン市場における競争優位を確立した。

アプリ開発者はアップルストアに出品することで収益を上げ、顧客は多様なアプリをワン・ストップ・ショッピングで入手できるようになっている。

このようなアマゾン、アップルストアに見られるエコシステムとしてのプラットフォームは、出品者、顧客から構成されるネットワークを形成し、ネットワーク参加者が増加するにしたがい、かれらの便益が向上するネットワーク効果を実現している。

そのため、その参加者が増えれば増えるほど業績が向上する仕組みになっており、プラットフォームの存在により勢いを増すことに成功している。

しかし、このような事例だけ見れば、それはアマゾンやアップルのような巨大企業であるから実現できることであり、中小企業には難しいと思われるかもしれない。しかし、小規模ながらもこれらの巨大企業と差別化を図り、安定した業績を出しているところもある。

たとえば恋愛・結婚マッチングサイトを取り上げてみよう。米国ではマッチ・ドットコムが最大手であり、ネットワーク効果を享受し、競合を圧倒している。それにもかかわらず、イーハーモニーは好業績を維持している。

同社のサイトには、少ないユーザーしかアクセスしておらず、料金も割高になっている。また、このサイトには検索機能もなく、マッチ・ドットコムと比較して利便性も低い。

このような不利な条件があるにもかかわらず、なぜイーハーモニーは業績が低下しないのだろうか。それは、マッチ・ドットコムには巨大なネットワーク故の弱点があるからだ。

多くのユーザーがサイトに訪問するということは、相手から選ばれる確率も低くなることを意味する。女性とデートしたい男性にとって、より多くの女性がサイトに参加すればするほど望ましいように見えるが、その一方で、相手の女性にも多くの男性がいることになり、自分が選ばれるのは難しくなる。その点、イーハーモニーには少数のユーザーしかいないため、マッチングが成功する確率が格段に高くなる。

　検索機能がないこともまた、同性の競合相手を少なくすることに寄与している。このようなことから、イーハーモニーは小規模なネットワーク効果で好業績を維持することができているのである。

　ただし、プラットフォームとはこのようなネットワーク効果を狙ったものに限定されるものではない。たとえば、複数の補完製品があれば、それは一種のプラットフォームであり、補完効果により強い勢いを生み出すことが可能になる。

　ブランドもまたプラットフォームであり、強いブランド力は、それだけで多くの顧客を惹きつけ業績向上に直結する。

　プラットフォームを狭くとらえるのではなく、何らかの勢いを生み出す「形」という広範な定義のもとで何がそれに該当するのかを考えてみることが重要だろう（プラットフォームについてはケース問題3でより詳しく解説する）。もし思いついたプラットフォームがまだだれも気づいておらず、しかも自分ないしは自社のみがそれを活用することができれば、大きな差別化要因になるだろう。つまり、

「だれも気づいていないプラットフォームは大きな武器になる」

第五計で学ぶ老子の教え

- **すべてを控え目にするということが行動指針となる。**
- **勢いを活用するために戦略的に手を抜く。**
- **プラットフォームで潜在的勢いを間接的にコントロールする。**

【注】

(1) フェリックス・オーバーフォルツァー・ジー著、原田勉訳『「価値」こそがすべて！』東洋経済新報社、2023年、262〜263ページ。

(2) この解釈は大濱によっても支持されている。『足るを知る』のは、充足が極まれば、欠損にかたむくことを知ることによって、充足を極度にしないことが、実は真の充足であることを知るのである」大濱前掲書、110ページ。

第六計

成功を手放さない者は身を滅ぼす!

――過剰の逆効果

持《じ》してこれを盈《み》たすは【持而盈之】

功成り名遂げたときはすぐに身を退く、それが天の道である。

武田信玄の七分勝ち

「満つれば欠ける」という言葉がある。満月を過ぎた月は次第に欠けていくように、絶頂期というのは永続しないのが世の常である。

武田信玄はこの言葉の意味するところを深く理解していた。

「信玄の七分勝ち」といわれるように、かれは敵に完勝することを意図的に避けていた。「驕《おご》る平家は久しからず」であり、勝ち続けることで慢心、驕りを生み出し、そのことが没落の原因になる。したがって、信玄は決して敵を徹底的に叩きのめすということはなかった。

しかしながら、このような「七分勝ち」に踏みとどまることは難しい。どうしても満月のところまで行き、なおかつそれが永続するように無駄な努力をする。

これはビジネスの世界でも例外ではない。かつて米国の小売業界をリードしていたシアーズは、2000年代に入るとネット通販やディスカウントストアとの競争が激化し、苦戦するようになった。

それにもかかわらず、シアーズは数十億ドルをかけて店舗の改装や企業買収に投資を続けていった。残念ながら、これが業績回復に結びつくことはなく、多額の債務を抱え

2018年に連邦破産法の申請に追い込まれた。

JCペニーも同様に競争の激化で業績を落とし、2011年にアップルストアを立ち上げ成功に導いたロン・ジョンソンを新CEOとして迎え、大胆な変革を試みた。従来のクーポンや特売を廃止し、年間を通じて同じ価格で販売するEDLP（エブリデイ・ロー・プライス）を実施するとともに、スマートフォン対応のセルフレジの導入など店舗の大規模な改装に多額の投資を行った。

しかし、これらの戦略がさらなる顧客の離反を招き、業績は従来以上に落ち込むことになった。ロン・ジョンソンは2013年に退任に追い込まれ、再び従来の販促戦略に戻ることとなった。しかしながら業績は回復せず、コロナ禍での休業が追い打ちをかけ、2020年に連邦破産法の申請を適用し、経営破綻することになった。

これらの事例からもわかるように、過去に成功した事業やビジネスモデルに陰りが見えている段階にもかかわらず、過去の延長線上での投資を敢行し、業績低下に拍車をかける事例が散見される。あるいは新たな試みに着手するとしても、漸進的に進むのではなく、短期間で大規模にそれを敢行しようとする。

これは本書でいう「過剰の逆効果」に該当する。

過剰の逆効果――底から終点までの戦略

過剰の逆効果とは、過剰になることでその過剰分が減らされることを意味する。「過ぎたるは猶《なお》及ばざるが如し」というよりも、「過ぎたるは猶及ばざるに劣れり」となるだろうか。

持《じ》してこれを盈《み》たすは【持而盈之】

水が一杯に入った器を持つのは難しい。刃物の先を鋭く尖らせるとすぐに折れる。財宝で家中を満たしても守り通すことはできない。富貴にして驕れば自ら破滅を招く。功成り名遂げたときはすぐに身を退く。それが天の道である。

ここで述べられている過剰とは、器に水を一杯満たすこと、刃物の先を鋭く尖らせること、必要以上の財宝をもつこと、大いなる富貴、名声になる。

これらの過剰は必ず逆の方向に働く。器に水が一杯であれば水はこぼれ、刃物の先は折れ、財宝はなくなり、富貴、名声も失われる。したがって、過剰な状況になれば、すぐにそこから身を引くことが求められる。

第六計

成功を手放さない者は身を滅ぼす！
――過剰の逆効果

この出処進退を見事に成し遂げた有名な例として、越の王、勾践《こうせん》の参謀を務めた范蠡《はんれい》を指摘することができる。

勾践は呉王、夫差《ふさ》に敗れ、会稽山《かいけいざん》にて屈辱的な条件で降伏した。臥薪嘗胆《がしんしょうたん》の末、呉を滅ぼし、この会稽の恥を雪《すす》ぐことに貢献したのが范蠡だ。

しかし、かれは勾践が覇者となり有頂天となるや否や越を密かに脱出し、共に勾践を支えた文種《ぶんしょう》に対しても、勾践は苦難をともにできても歓楽はともにできない、早く越から逃げ出すようにと促した。結果として、文種は謀反《むほん》の疑いありとの讒言を信じた勾践に責められ、自殺に追い込まれた。文種、范蠡という腹心を失った勾践は、徐々に国力を衰えさせ、その死後、越は楚によって滅ぼされた。

一方、越を離れた范蠡は、斉で名前を変えて商売で成功し、巨万の富を得た。しかし、その名が范蠡だとバレてしまい、斉の宰相へと推挙される。しかし、范蠡は全財産を他人に譲り、定陶《ていとう》へ移住し、そこでも商売で成功し、その後、悠々自適の老後を送ったという。

突出した成功を成し遂げると、政治的争いの場では必ず足を引っ張られることになる。したがって、成功してもそこにとどまり続けるのは非常に危険なことになる。しかし、凡人はそこで有頂天となり、その地位にしがみつこうとし、結果として身を亡ぼすことになる。

ただし、この教えを受けて、たとえばある製品が圧倒的なトップシェアを誇っているから、すぐにそこから去らなければならないと早とちりしてはいけない。トップシェアである理由が顧客の支持を得てのことであれば、それは反発を買っているわけではなく、実力に相応した結果になる。

この場合は、製品をライフサイクルとして考えたほうがわかりやすいだろう。

過剰の逆効果が発生するのは、成長率に陰りが見え始める成熟期以降になる。振り子運動でいえば、底を通過し、前進はしているものの勢いに陰りが見えてきた段階に相当する。

この成熟期は競合の激化、顧客嗜好の変化などで、いままで得られていた顧客の支持が伸び悩んでいる段階に該当する。この段階では勢いが明らかに衰えているため、従来と同じ成長路線をとれば、過剰の逆効果が生じる。

それを回避するには、市場の再定義、製品のポジショニングの見直し、新機軸の追求など、何らかの創造が求められることになるだろう。あるいは、成長はないものの圧倒的な市場シェアを維持できているのであれば、積極投資ではなく現状維持が求められる。

しかし、いずれは市場が消えてなくなることを想定しておかなければならない。

腹を為して目を為さず

老子は、感覚的知覚や欲望が過剰になると、麻痺してしまうことを説いている。

五色《ごしき》は人《ひと》の目《め》をして盲《もう》ならしむ【五色令人目盲】

五色の色彩は人を盲目にさせる。五音の音楽は人の耳を聾にする。五味の御馳走は人の味覚を損なう。乗馬や狩猟の遊びは人の心を狂わせる。得難い宝は、人の行動を誤らせる。それ故に聖人は、腹を為して目を為さない（民におなか一杯食べさせ、感覚的な楽しみを重視しない）。後者を捨て、前者を取るべきである。

色や音、味が過剰になるとかえってそれらを知覚することができず、娯楽や財産を過度に求めると人生が狂うことになる。

この教えでは、「目を為す」ことを過度に追求することの弊害を説いている。「目を為す」とは、感覚的知覚・欲望を重視することを意味する（たとえば、それは過度な儀礼や儀式など）。それに対して「腹を為す」とは、勢いを重視し、それに順応した活動のことを指す。つまり、感覚・欲望が過剰になれば、勢いを正確に把握することができなくなり、「腹を為す」ことができなくなってしまうのである。

これをより現代的な表現で一般化すれば、現象、枝葉末節ではなく本質を見きわめることの重要性を指摘しているともいえるだろう。

腹は本質であり、目は現象になる。ただし、老子の思想では、本質は道のことであり、そこから派生する勢いを指す。この勢いに順応することが無為であり、それに逆らう行為が人為となる。

「腹を為して目を為さず」とは、欲望や虚栄虚心に動かされた人為を否定し、勢いを直覚することの重要性を説いているものと解釈できる。したがって、「過剰の逆効果とは、勢いから逸脱して、それ以外の枝葉末節に過剰に反応すること」を指す。

昭和の頃に職場で無礼講が流行ったことがある。社内の飲み会で上司が「今日は無礼講でいこう」と宣言し、それを真に受けた若手社員が、日頃の不満を社長に直訴した。

しかし、話しているうちに、社長の目が笑っていないことに気づき、このままではまずいと判断し、「こういうことがありますが、最終的には問題ありませんでした」と話を終える。それを聞いた社長は、「問題ないのだな。よし、今日はよい意見交換ができた」とまとめる。このような光景はよく見られたのではないだろうか。

しかし、これは「腹を為して目を為さず」ではなく、「目を為して腹を為さず」にほかならない。社長は組織の現状の勢いについて情報収集できるチャンスを逃し、ただ無礼講で部下の話にも耳をちゃんと傾けているというポーズをとったにすぎない。

逆に若手社員のほうが社長の心的勢いを察知して、表面的に話をきれいにまとめることに軌道修正した。この場合、若手社員のほうが「腹を為して目を為さず」だったのかもしれない。

なぜ高い知性をもった経営者が失敗するのか？

ロバート・マクナマラは、ハーバード・ビジネス・スクール出身で、フォード・モーター・カンパニーの社長を務めた後、ケネディおよびジョンソン政権下で国防長官を務めた。

かれはフレデリック・テイラーの科学的管理法を信奉しており、「測定できないものは管理することができない」という信念をもち、戦争に定量的・分析的アプローチを適用したことで知られている。かれが重視した数値指標として代表的なものに「ボディカウント」「ソート・キル・レシオ」「空爆数」がある。

「ボディカウント」とは敵の戦死者数のことであり、それを行動目標として設定した。そして、米国兵の死者数との比率をとり、敵のボディカウントのほうが多いかぎり、軍は勝利への道を進んでいるものと評価した。

「ソート・キル・レシオ」とは、出撃した飛行機やヘリコプターごとに敵をどれだけ殺害したかを示す指標であり、これにより効率性と効果を測定した。そして、「空爆数」は空爆の回数や投下された爆弾の量のことであり、これによってどれだけの「圧力」を敵に与えているかを評価した。

このような数値指標にもとづき、かれは作戦を立案し、遂行し、評価していった。しかしながら、戦争が長期にわたるにしたがい、これらの指標が実際の戦況を反映していないことが明らかになっていった。

ベトナムの地政学的、文化的な複雑性や、ゲリラ戦という戦闘スタイルは、これらの数値指標では十分に把握できなかったのである。マクナマラ自身、後にこのアプローチが誤りであったとの見解を示しており、これは「マクナマラの誤謬《ごびゅう》」と呼ばれている。これは「数値指標にこだわり、全体像を見失う」ことを意味する。

このマクナマラのケースは、高度な知性と分析能力が必ずしも複雑な実世界の問題、特に戦争という極限状況において最適な結果をもたらすとはかぎらない点を浮き彫りにしている。ビジネスの領域でも、高い知性をもった経営者が、その知性故に失敗する例は見受けられる。

たとえば、冒頭で言及したＪＣペニーのロン・ジョンソンは、ハーバード・ビジネス・

スクール出身で、アップルストアで成功を収めた後、ＪＣペニーにＣＥＯとして就任した。その際、アップルでの成功経験をもとに大胆な戦略変更を行い、特売の廃止、ＥＤＬＰの導入、「店舗内店舗」（特定のブランドやカテゴリーに特化した小規模な専門店を設置すること）の導入を実施していった。

これらはアイデアとして新しく、魅力的であり、かれのアップルでの成功体験も反映していた。特に、かれはアップルでの経験から、顧客データと市場動向を分析し、それをもとに戦略的な決定を行う方法を重視していた。

しかし、これらの戦略は同社の既存顧客の購買行動とマッチせず、売上は大幅に低下することになった。かれの過去の成功と理論的知識が、異なる市場環境における顧客のニーズを理解するうえでの障害となったのである。

賢者を尊重すれば無益な争いが起こる

老子は、いわゆる賢者についても懐疑的であり、リーダーが賢者を尊び、それを登用しようとするから組織はおかしくなると主張する。

賢《けん》を尚《たっと》ばざれば【不尚賢】

不尚賢（賢者を尊重しないこと）であれば、民が無益な争いをすることはない。……聖人の世の治め方は、民をしてその心を虚しくし、その腹をみたし、その志を弱くし、その骨を強くする。

ここでいう賢者とは、自らの知性、考えにもとづき行動する人物になる。老子の時代の賢者といえば、学問に優れた人物を指す。当時の学問は現在でいうリベラルアーツのようなものであり、詩書礼楽が重視されていた。

そのような賢者は、豊富な知識をもち、その知識に依拠した意思決定を行う。この老子の時代の賢者は、現在ではマクナマラのように定量的・分析的アプローチを重視する者が該当するのではないだろうか。

このような賢者を尊重すれば無益な争いが起こることになる。文字通り解釈すれば、それは賢者として登用されるための争いであり、老子より時代が下れば、中国では科挙がそれに該当し、現在の日本では学歴や資格を求めた受験競争を意味する。

しかし、より直接的には、賢さをアピールすることで出世の糸口をつかもうとする行為を指すだろう。

このような弊害を回避するためには、不尚賢が求められる。具体的には、

「分析麻痺症候群を回避する」

ことにほかならない。分析麻痺症候群とは、分析を極度に進めると、逆に実態を正確に把握することができなくなり、麻痺してしまうことを指す。

マクナマラのケースでいえば、ベトナム人の愛国心や米国市民の反戦感情、戦況の質的複雑さ（たとえば、孫子でいう虚実など）は定量的に測定することができず、それらを無視した結果、有効な作戦を立案・遂行することができなかった。

第2次世界大戦でドイツ軍による電撃戦に参加し、画期的な勝利を収め、戦後、ドイツ軍の機動戦略について理論的に優れた考察を示したドイツ軍参謀総長F・W・フォン・メレンティン少将は次のように語っている。

「戦っている個々の兵士の心や心理状態が戦争では常に支配的な要因になる。それは数や装備の重要性を超越する。第2次世界大戦中、この古い格言は標榜されており、私はいかなる場合でもそうあるべきだと考えている[1]」

つまり、定量モデルの対象となる装備、兵士数、ボディカウントといった「ハード」ではなく、指揮能力、士気、リーダーシップ、疲弊といった「ソフト」こそが「人間対人間」の戦争では支配的な要因になる。しかし、この「ソフト」は定量モデルで取り扱うことはできない。

凡人のリーダーは仕事に燃え尽きる

このハード重視、分析重視の姿勢をとらないのであれば、意思決定に際して何に着目するべきなのだろうか。

この点に関し、老子は、分析や知識などの知性よりも、無為にしたがうことを要請する。言い換えるならば、勢いであり、これはメレンティンのいう「ソフト」に該当する。この勢いを無視して自らの知識や分析結果を信じて行動することの弊害を、老子は「不尚賢」で説いているのである。

老子の影響を強く受け、それを法家として発展させた「韓非子」の難勢篇では、自然の勢いを主張する慎到《しんとう》の説が紹介されている。[2] 飛ぶ竜は雲に乗り、昇る蛇は霧に遊ぶが、雲や霧がなくなれば、竜も蛇もミミズや蟻と同じになる。この雲や霧に該当するのが勢いになる。慎到は次のように主張する。

「愚者が賢者を使うことができるのは地位、権力に付随する勢位があるからであり、その勢いがなければ賢者でさえも人を使いこなすことはできない」

これによると賢愚ではなく勢いの有無こそ重要となる。

この主張に続いてある者は次のように反論する。

「勢いが重要なのは認めるが、才能の優れた竜や蛇だからこそ勢いに乗ることができ、天下を治めることができる。愚者が勢いに乗れば天下は乱れる」

これは儒学者による反論という解釈が多い。しかし、この才能を儒教的な知識ではなく、「勢いを直覚できる才能」

としてとるのであれば、この反論は正しいのではないだろうか。つまり、老子が「不尚賢」で批判する賢者とは、勢いを読むことができない者のことであり、逆にいえば、勢いを直覚できる者、すなわち聖人は尊重されることになるだろう。

つまり、知識や分析などは、いま潜在している勢いを直覚することの妨げになるということだ。というのも、分析が前提とするのは定量データや一部の定性データになる。しかし、潜在的勢いはまだ表に現れていないため、それを直接示すデータは存在しない。それを洞察するためには、データを分析するのではなく、その裏側を読む能力が必要になる。それにはアナログ的な経験が大きくものをいう。

分析の対義語として、『肌感覚』という言葉がある。経験に裏打ちされた肌感覚こそが重要であり、知識、分析などは、肌感覚による洞察の材料にすぎない。にもかかわらず、分析が主となると「分析麻痺症候群」、知識が主となると「知識過多症候群」となる。

ただし、これを分析や知識を捨てよという意味にとってはならない。それらはあくまでも手段、材料であり、その役割をわきまえているかぎりは症候群に陥ることにはならない。

知識、分析という食材に肌感覚という匠の技が加わることで、優れた一品が完成する。

ここでのポイントは、勢いにしたがうことである。そのためには、潜在的勢いを読まなければならない。この老子の教えの後半にある、

「心を虚しくし、その腹をみたし、その志を弱くし、その骨を強くする」

は、そのための方法になる。翻訳すれば、心を虚しくし、人為を促す志を弱くする。その反面、勢いについては、それを実あるものにし、強化していくことが求められる（心を虚しくする、については第七計で詳述する）。

かつて、ある企業の営業担当者が、ライバルメーカーがデミング賞に応募したことを知り、拍手喝采したという話を聞いたことがある。この賞をとるためには、かなりの準備が必要になるため、営業がどうしても手薄になるというのがその理由であった。

もちろん、デミング賞自体は素晴らしいものであり、これに応募することを否定するのではない。ただし、デミング賞にかかわらず、賞に応募すること自体が目的となった場合、「その心を虚しくし、その腹をみたし、その志を弱くし、その骨を強くす」に反する行為になる。それは組織の現場での勢いを削ぐことになる。本来は、賞にチャレンジすることで、腹をみたし、骨を強くし、組織の勢いを高めることにつながらなければならない。

優れたリーダーは、「満つれば欠ける」という真理を理解し、戦略的手抜きにより過少

の効果を追求する。一方、凡人は過剰の逆効果に行きつく。表現を変えれば、「聖人は仕事をセーブする。凡人は仕事に燃え尽きる」

聖人の道を進むには、潜在的勢いを見通すことがポイントとなる。過度な欲望や分析、知識などは勢いを洞察する邪魔となる。肌感覚を通じて潜在的勢いを見通し、戦略的に手を抜くことが聖人の道になる。

第六計で学ぶ老子の教え

- 感覚的知覚や欲望、知識、分析が過剰になると、麻痺してしまう。
- 過去の成功と理論的知識が、潜在的勢いの障害となる。
- 聖人は仕事をセーブする。凡人は仕事に燃え尽きる。

【注】

(1)チェット・リチャーズ著、原田勉訳『ＯＯＤＡ ＬＯＯＰ（ウーダループ）』東洋経済新報社、２０１９年、72ページ。

(2)難勢篇については、たとえば、金谷治訳注『韓非子 第四冊』岩波文庫、１９９４年を参照。慎到の思想については、金谷治「慎到の思想について」『金谷治中国思想論集 中巻 儒家思想と道家思想』平河出版社、１９９７年に詳しい。

第七計

学ばずして本質を見抜く！

——創造の起点

学《がく》を為《な》せば日《ひ》に益《ま》し【爲學日益】

学を為すのは日々に己を益する。道を行うのは日々に己を損する。己を損し又た損して、そして無為に到ることができる。

創造にセンスは必要か？

数学者ポアンカレは、自動形式やフォクス空間に関連する数学的アイデアについて悩んでいた。ある日、かれが馬車から降りたところ、石につまずいてしまった。このつまずいた瞬間、数学的問題に対する洞察を得た。この洞察は、後に「ポアンカレ予想」として知られるものに発展していった。

ロシアの化学者ドミトリ・メンデレーエフは、化学の教科書を書いている最中に元素を系統的に整理しようと試みた。かれはこの問題について長時間考え続け、疲れ果てて眠りに落ちてしまった。かれは夢のなかで元素のカードが自動的に正しい位置に並ぶのを見た。目覚めた後、夢で見た通りにカードを並べ直し、１８６９年に周期表を完成した。この周期表により、元素の化学的性質が周期的に変化するという基本的な原理が確立され、現在の周期表の基礎となっている。

言うまでもなく、私たちが洞察を得るために夢を見たり、馬車（現代では車）から降りる必要はない。後年、ポアンカレ自身が自らの創造的プロセスについて記述しており、無意識の重要性を強調している。[(1)] かれによると、創造的なプロセスは、特定の問題に対する意識的な取り組みから出発する。あらゆる角度から問題を考察し、徹底して思考することで問題解決を図る。しかし、それでも解に到らなければ、一時的にこの問題から離れる。これはグレアム・ウォーラスによって「インキュベーション」と名付けられるものに該当する。[(2)]この期間は、意識的思考は行わない一方、無意識がその役割を担うことになる。このインキュベーションを経て、突然、ひらめきが得られる。それは夢のなかであったり馬車から降りた瞬間だったりする。これは、無意識で得られた解が意識化された瞬間に該当する。このひらめきが得られれば、そのアイデアを詳細に検証していく。

ウォーラスはポアンカレのこの主張を

① 準備
② インキュベーション
③ ひらめき
④ 検証

という4つの段階に分類してまとめている。[(3)]このなかで特にポイントとなるのが、②のインキュベーションの段階である。ここで無意識のプロセスが展開することになる。ポアンカレはこのプロセスについて次のように述べている。

「潜在的自我は、意識的自我に何ら劣るところはない。それは純粋に自動的なものではなく、分別があり、機転がきき、繊細であり、選択する能力や洞察力をもっている[4]」

ポアンカレは、この無意識的プロセスのなかでも「審美的感受性」を特に重視している。創造が新たな組み合わせであるとすれば、数学的問題の場合、無数の組み合わせがある。そのなかから意味のある組み合わせが選択されるのは、この「審美的感受性」が特定の組み合わせに着目するからにほかならない。この感受性があるか否かが一流の数学者の証しとなるのだろう。

このポアンカレの議論にしたがうと、潜在的勢いをつかむためには、審美的感受性が求められる。要するにこれは「センスがある」ということになるだろう。

しかし、もしセンスがなければ、二度と創造的な仕事に携わってはいけないという死刑宣告に等しくなる。実際、ポアンカレは次のように述べている。

「この審美的感受性をもたないものは真の発見者たり得ない[5]」

それに対して老子は、このようなセンスに訴えかけることはない。老子にとって創造の働きは、ギリシャ神話に描かれた英雄的行為（ポアンカレの審美的感受性もここに含まれる）で達成されるものでもない。

老子の聖人はこの英雄とはかけ離れたものになる。この聖人は困難を避け、容易なこと、小さなことだけに手をつける。そして、その潜在的勢いを高めていくように刺激する。

老子に見られる無から有への創造プロセスは、

①潜在的勢いの直覚
②潜在的勢いの展開

から構成される。以下ではこれらの点について検討していくことにしよう。

直覚でビジネスの萌芽を読み解く

万物の根源である道自体は、五感で知覚することはできない。しかし、そこから派生する潜在的勢いは直覚することができる。この直覚が創造の起点となる。

この点について老子は次のように語っている。

これを視《み》れども見《み》えず【視之不見】

これを視ようとしても見えない。それを「夷《い》」という。これを聴こうとしても聞こえない。それを「希《き》」という。これをつかまえようとしてもとらえられない。それを「微《び》」という。この三つはこれ以上解明できず、一体として現れている。これは明るくもなく暗くもない。その数はあまりに多く、しかも無へと復っていく。姿なき姿、形なき形、あるが如くなきが如く、という。前から見ても首は見えず、後ろから見ても尻尾は見えない。ただ太古から続く道がいま目の前の現象として現れていると悟れば、世界の始まりを知ることができる。これを道紀（道の大綱）という。**

ここでは無為とその知覚との関係が述べられている。無為は、「夷」（見えない）、「希」（聞こえない）、「微」（とらえられない）ものであり、五感による知覚はできない。前から見ても首は見えず、後ろから見てもしっぽは見えない。他の箇所では、老子はそれを「恍惚《こうこつ》」（ぼんやりしている）と表現し、そのなかに「象」（かたち）や「精」（精気）が現れるという（老子「孔徳之容」）。そして、道はいまの万物として現れている。そのようにつかむことで道を直覚する。

つまり、姿なき姿、形なき形、すなわち無形の潜在的勢いを、いま現れている形のなかから類推し、直覚することができる。これが「道紀」となる。ここで既成の知識を押し付けると、当然ながら見えざるものを視ることや、聞こえざるものを聴くことはできない。

ある製薬企業の開発担当者から、制がん剤の新薬開発のストーリーを聞いたことがある。同僚との居酒屋談義からあるたんぱく質が話題に上り、このたんぱく質を増やす薬の開発をターゲットに絞ることになった。その後、紆余曲折を経て開発化合物を決定する段階に到り、候補となる化合物を根拠なく選んだものの、担当者は自信がもてなかった。

そこで、同社の別の研究所にいる女性研究者に「この化合物は好きですか」と聞いたところ、彼女は「好きです」と即答した。彼女はそれが好きである理由は説明できなかった。しかし、彼女の直観的なお墨付きを信頼し、自信をもってその化合物を選定し、新薬開発に成功するに到った。

この研究者は、化合物を見たら活性の有無やその他、いろいろなことがわかるという。彼女は、普段から「薬でいいものは美しい、化合物のごちゃごちゃしているのは活性が悪い」という観点から化合物の分類を自分で行っていた。

そのような体験とその才能を通して、化合物の形を見てそのポテンシャル、すなわち潜在的勢いを直覚することができた。ここからわかるのは、次のことだ。

「潜在的勢いは、形を通じて直覚することができる」

第三計で紹介したように、ピカソもホテルの部屋から見た風景という形に対し、デッサンを重ねることで形を操作し、キュビズムの萌芽、その潜在的勢いを読み取った。ジョブズは現状のスマートフォンの美しくないデザインへの不満から、ボタンをなくすというiPhoneの原型をイメージし、その潜在的勢いを確信した。

かつて数学者である小平邦彦氏は、五感で知覚できない抽象的な数学的現象を把握する特殊な知的作用のことを「数覚」と呼んだ。[6]直観はそれに類したものであり、五感で知覚できない道または無の潜在的勢いは、直観によって覚知される。

潜在的勢いを直観するためには、まずは形を観察し、そこからの推論、類推といった論理操作も必要になるだろう。

形という材料をもとに、推論や類推などの論理操作を経て、初めて潜在的勢いを見通すことができる。そのため、本書では、論理操作や直観を含めた概念として「直覚」という言葉を使うことにしたい。

思い込みから自由な人材を尊重する

老子は、この直覚を得るための具体的な方法論を語っている。

虚《きょ》を致《いた》すこと極《きわ》まり【致虚極】

虚心に到り、静を守ることができたならば、万物が生じ、しかもまた無へ復っていくことを観ることができる。その根本である無に復った状態を「静」と呼び、これを「復命」（命に復る）という。この命に復

ることを「常」と呼び、この常を知ることを「明」という。この常を知らなければ、軽挙妄動し、凶となる。この常を知れば「容」(あらゆることを受け入れることができる)となる。容とは公(公平無私)であり、公であれば天下の王となり得る。王とは天そのものであり、天はまた道の現れである。道であるならば、それは永遠であり、身を没するまで、危ういということがない。

心を虚にするとは、心を無にすることであり、その状態を「静」といい、変わらない道に帰ることを「復命」という。そして、この道の特性を知ることが智慧であり、この智慧を「明」と呼ぶ。

この明を知らなければ軽挙妄動することになる。換言すると、振り子運動の軌跡を理解せず、猪突猛進すれば、終点に到ったときの反転に対応できなくなる。武田信玄のように「七分勝ち」に徹することなく、「驕る平家」となってしまう。

したがって、道のあり方、すなわち、静かなるプロセスやその振り子運動を理解し、それを活用する智慧が「明」になる。

この教えの内容は、老子の「復帰の思想」と呼ばれるものを反映しており、万物はすべて無に復帰することを述べている。(7) この万物には当然ながら心も含まれており、心を無に帰すこと、これが「虚心」にほかならない。心を無の場所にあらしめること、すなわち虚心に到らなければ、具体的状況における無の働き、勢いを洞察することは難しくなる。

虚心とは別の表現をすれば、

「先入観、思い込みを排除すること」を意味する。しかし、自らがもつ先入観や思い込みに気づくことは難しい。

ソニーの共同創業者、井深大が、ソニーで伝説の技術者と呼ばれた大曽根幸三のところへ現れ、次のように問いかけた。

「何かおもしろいものはないか?」

井深は、頻繁に行く米国出張の往復の飛行機のなかが退屈であり、それが悩みの種であった。当時は音楽や映像を機内で楽しむことができず、読書をするか寝るかでしか時間を潰すことができなかった。せめて機内で自由に音楽を聴くことができれば、少しは退屈でなくなるのではないかと感じていた。大曽根は次のように回顧している。

「私たちは現場で、既にソニーが発売していたモノラルタイプの小型テープレコーダーを、ステレオタイプに改造して遊んでいたんだよ。手のひらに乗るほど小さな機器だったんだけれど、ヘッドフォンにつなぐといい音が出せたんだよね。

それを井深さんに頼まれて、飛行機に持ち込めるような形にした試作品を作ったんだ。小さくしたままステレオ化するために、スピーカーと録音機能を外して、再生専用機にした。これが初代ウォークマンの試作機だよ(8)」

それを携えて、井深は海外出張に行き、戻ってくると大変気に入った様子だったという。もう一人の創業者、盛田昭夫もまたこの試作機を気に入り、全面的に応援していた。

ところが、大曽根の直属の上司や担当役員で副社長であった大賀典雄は、「再生専用機」というコンセプトに反対した。

「録音機能のないものをつくっても売れない」

というのがその理由であった。

しかし、この「思い込み」は意外な形で取り除かれることになる。偶然、大賀が長期入院することになったのだ。大賀が不在の間、井深と盛田のバックアップにより開発を推進し、ウォークマンが日の目を見ることができたのである。

このような思い込みを取り除くには、自らのとらわれに注意し、それに気づくことが第一歩となる。「思い込み」があるのは仕方がない。

しかし、それはしばしば「とらわれ」となる。虚心とは「思い込み」をゼロにすることではなく、「とらわれ」から自由になる遊び心をもつことである。

もちろん、個人では限界があるかもしれない。その場合には、環境を変える、異なった分野のことを参考にする、この事例のように、比較的とらわれから自由な人材(井深・盛田)の意見を尊重することなどが求められるだろう。

グーグルの「20%ルール」、3Mの「15%カルチャー」のように、従業員に既存業務から離れた自由な時間を確保する仕組みを設けるのも、虚心に到る工夫としてとらえることができるだろう。

学問を積み重ねるほど凡人になる？

同様のことをより直接的に説明したのが有名な次の老子の文章になる。

学《がく》を為《な》せば日々《ひび》に益《ま》し【爲學日益】

学を為すのは日々に己を益する。道を行うのは日々に己を損する。己を損し又《ま》た損して、そして無為に到ることができる。無為にして為さざるなし。だから天下をとるものは、常に無事を為す。有事を為せば決して天下をとることはできない。

これは老子の代表的な教えであり、「学を為せば日々に己を益し、道を行うのは日々に己を損する」という老子らしい反常識的な主張が見られる。おそらく当時の儒学者にとっては、かなり衝撃的な内容だったのではないだろうか。

ここでいう学とは、具体的には儒教を指す。儒教を学び科挙に合格すれば、身分に関係なく官僚として立身出世の道を歩むことができる。これは己を益することにつながる。現代でいえば、学歴を良くすれば社会でエリートコースを歩むことができる、ということになるだろう。

ここでいう学は、「外部の知識を学ぶこと」を意味することに注意してもらいたい。

次の「道を行うのは日々に己を損する」という箇所について、老子研究の第一人者である金谷治氏は、

「世間的な学問をやめて真実の「道」の修行にはげむものは、こんどは逆にどんどん自分の身についたものを棄てて、自分を削り落としてゆく。……『本来無一物』にかえると、もちろんそこで『無為』の境地が獲得される」

と解説されている。(9)伊福部氏は、

「老子のいう学問とは儒教という人為の学問であり、その人為を減らし、無為に到ることである」

とされている。(10)いずれの解釈も、学問を積み重ねることが老子の理想とする無為に到る邪魔になり、それを棄て去らなければならないという点で共通している。

この「損する」対象は、具体的には学問や知識を指している。そうであれば、知識を損していく、知識を減らすことは、私たちの心のあり方を示していることになる。この心のあり方こそが「虚心」に該当する。

この虚心に至るプロセスを、老子は、

「これを損して又た損し、以て無為に至る」

と表現している。分別、知識という妄念を一時的に捨て去り、心が無に到ったのが虚心

になる。[11] そうすることによって、虚心は道から派生する潜在的勢いを直覚することができる。

再生専用機である初代ウォークマンを井深が構想できたのも、自らの米国出張体験でリアルに感じていた強い要望があり、既成の技術的制約や製品にとらわれることがなかったことが大きい。かれの場合、この強い内的要望こそが、(ウォークマンの)潜在的勢いそのものだったのである。

このような潜在的勢いに気づき、それを開拓していくことで「無為にして為さざる無し」、すなわち、道から発生する勢いを拡充していくことで物事を達成することが可能になる。

なお、誤解のないように指摘しておきたいのが、老子の教えのポイントは知識を一時的に忘れるということであり、知識自体を完全に否定しているわけではないという点だ。「直観とは、すでに記憶していることを思い出すこと」であり、知識がなければそれはかなわない。ポアンカレがポアンカレ予想を発想できたのも、既存の数学理論に知悉していたからにほかならない。

したがって、外部の知識を学習すること自体を否定することはできない。それが内在化されれば、将来の直覚に役に立つ。ただし、知識には次の2つの側面がある。

①思い込みや先入観として新たな発想の制約になる
②内在化した知識を再認することで新たな洞察を得る

つまり、知識には機能と逆機能という2つの側面があり、知識が阻害要因になるとともに、それらをどのように乗り越えるかといえば、それはやはり知識によってでしかあり得ない。ここでの老子の教えは知識の逆機能を重視し、虚心の大切さを説いている。[12]

しかし、虚心に到る際に知識を完全になくすのではない。正確にはそれを一時的に忘れる、保留する、それに固執しない、ということを意味する。

これを認知心理学的に解釈すれば、心理学者、ダニエル・カーネマンの二重過程論を援用することができるだろう。[13]このモデルでは、脳は、無意識における情報処理プロセス（システム1）と意識における情報処理プロセス（システム2）から構成され、両者は同時並行的に機能していることになる。いわば脳はパラレル・プロセッシングの装置であるといえる。

このなかで、洞察、直観とは、システム1における結果がシステム2で意識化されることで生じる。しかし、そもそも脳の活動の95％はシステム1の無意識の活動であり、システム2の意識的活動は5％以下にすぎない。システム2はシステム1に支えられており、システム2で生成された知識はシステム1へと記憶というかたちでフィードバックされる。

このモデルにしたがえば、虚心とはシステム1の働きを活発化し、システム2の活動をできるだけ抑制した状態を意味する。ポアンカレのインキュベーションは、まさにこのことを指す。虚心とはインキュベーションの段階を指すものであり、そのためにはいま取り組んでいる問題から一時的に離れる必要がある。これが老子の意味する虚心である。

では、この老子の教えは、無における創造プロセスにおいて、具体的にどのような作用をもたらすのだろうか。

老子にならい、これを抽象的に説明するのではなく、具体的な物を用いて比喩的に表現するならば、スポイトの原理になるだろう。スポイトで液体を吸収するためには、スポイトゴムを押し、管の中を空にしなければならない。つまり、人間の頭のなかから知識、欲望を一時的に空にする。

その結果、スポイト管の先端をターゲットとする液体につけると、その液体が中に勢いよく入ってくる。これはターゲットとの一体化に相当する。つまり、空にすることによってすべての必要なものと一体化することができる。この一体化によって勢いを直覚し、必要な方向に進んでいくことができる。

このスポイトの原理こそが、勢いを直覚する秘訣だと考えられる。そして、再びスポイトゴムを押すと、液体が勢いよく発出される。これが創造である。

顧客の潜在ニーズはひらめくもの

顧客の話を聞いても、顕在ニーズはつかめるが、潜在ニーズはつかめないとよく言われる。顧客が語ることができるのは、既存の製品・サービスに関する評価、苦情、要望であり、顧客のもつ潜在ニーズについては、顧客自身気づいていないことのほうが多い。かれらの潜在ニーズをつかむためには、話を直接聞くのではなく、顧客の行動や製品の使用状況を観察し、潜在ニーズを洞察しなければならない。

この顧客の行動や使用状況は老子が説く静かなるプロセスの「形」に該当し、そこから潜在ニーズという奥に潜む勢いを直覚する必要がある。形の把握までは観察であり、そこでは外部情報を収集しなければならない。しかし、この観察を受けての情勢判断では、行かずして知り、見ずして明らかにし、動き回らずして直覚することが重要になる。[14]

パナソニックの遠心力洗濯機が開発されたきっかけは、クリーニング店での聞き取り調査であった。クリーニング店によると、ドライクリーニングでクレームが多く、折角クリーニングに出したのに汚れが落ちていないということだった。ドライクリーニングは、傷みやすい素材の服を水を使わずに洗浄する。そのため、水洗いに比べて洗浄力が落ちるため、クレームにつながっていた。

クリーニング店の人によると、本来ならこのようなものは自宅で手洗いしてもらうのが一番よい。しかし、多くの顧客は手洗いで服を洗うことは手間がかかり抵抗が強かったという。


この話を受けて担当者がひらめいた潜在ニーズが、

「高級な素材の服を傷めることなく自宅で洗濯できる」

ということであった。もちろん、このような潜在ニーズは顧客に直接聞いても得られることはない。ドライクリーニングでの苦情をもとに直覚したのがこの潜在ニーズであった。このひらめきをもとに開発されたのが、同社の遠心力洗濯機である。


P&Gによって開発された消臭剤ファブリーズは、空気中の悪臭分子を捕捉して除去する技術を活用したものだ。この製品の開発当初、同社のマーケティングチームは、タバコやペットの臭いといった、

「日常の嫌な臭いを消す」

というコンセプトでテレビCMを作成し、満を持して販売を開始したものの、ファブリーズの売上は伸び悩んだ。


その原因を究明するために、マーケティングチームは顧客の家庭を訪問することにした。猫を多く飼っているある家庭を訪問した際、家全体がペットの臭いで充満していた。しかし、この家の住民は「私はもうその臭いに慣れてしまって何も感じません」と語った。つ

まり、自分の家の臭いに鼻が慣れてしまい、何も感じなくなっていたのだ。

このことから、「日常の嫌な臭いを消す」というコンセプトはかれらにはアピールしないことが明らかになった。かれらは自分の家の臭いに鼻が慣れてしまったため、悪臭は気にならなかったのである。

そこでマーケティングチームは外部の専門家もメンバーに加え、ファブリーズのヘビーユーザーを徹底的に調査することにした。すると、ある家庭では母親が部屋の掃除を一通り終えたあとに、最後の締めとしてファブリーズを吹きかけていることがわかった。この女性にインタビューすると、彼女は、

「掃除を終えたあとに、ご褒美としてスプレーしています」

と回答した。彼女は2週間に1本のペースでファブリーズを消費していた。

この調査を受けて、ファブリーズのコンセプトは、「悪臭を取り除く」から、「掃除を終えたご褒美」「日常にフレッシュな香りを加える」といった「清潔感を楽しむ」ものへと大幅に変更された。

それに伴い、広告宣伝は、窓を開けてフレッシュな風が吹き込むイメージになった。

「日常にフレッシュな香りを加える」

という商品へと変貌したのである。その結果、生まれ変わったファブリーズは、2カ月で売上が倍増し、同社のヒット商品の1つに成長した。

このように顧客の潜在ニーズは必ずしも顧客自身が気づいているわけではなく、顧客の行動を観察し、それを洞察することが求められる。

しかし、老子は一見それとは逆のことを主張する。

戸《こ》を出《い》でずして天下《てんか》を知《し》る【不出戸知天下】

天下のことは屋外に出なくても知ることができる。天道は、窓から外を見ないでも知ることができる。外へ出向いて遠くに行けばいくほど、知ることはますます少なくなる。だから聖人は、行かずして知り、見ずして明らかにし、為さずして成すのである。

老子によると、潜在的勢いを直覚するためには、外に出たり、窓から外を眺める必要はないという。[15] しかし、これは比喩的表現であり、ここでいう「戸外に出ない」とは、五感を通じて得られる感覚情報に頼る必要はないという意味でとっておく必要がある。いままで繰り返し指摘してきたように、潜在的勢いは知覚することができない。

しかし、五感に頼らなくても道を知ることはできる。それは、直観があるからだ。

直観とはシステム1の情報がシステム2へと移転された場合に生じる。システム1にあるのは記憶であり、記憶として存在する以上、それは五感で得られた新たな知覚情報ではない。それらはすべて過去の経験知または先験的知識にすぎない。

このような記憶を駆使するかぎり、新たに感覚情報を収集する必要はない。ただシステム1の情報処理に委ね、洞察が得られるまで待てばよいということになる。ただし、形については知覚可能であり、形を通じて勢いを洞察することはできる。したがって、形に関して情報収集することは依然として有効であり、直覚においてそれを排除することは避けるべきであろう。

この教えの趣旨は、すでに得られた形の情報から勢いを洞察すべきである、ということにあると考えられる。それ故に聖人は、行かずして知り、見ずして明らかにし、自ら行動しなくても直覚することができるのである。

兆しでの対応は最小努力で最大効果を発揮する

この直覚でつかまれるものは潜在的勢いであり、それは形を通じて明らかになる。では、直覚のきっかけとなる形とは、具体的にはどのようなものになるのだろうか。この点について、老子は次のように説いている。

天下《てんか》に始《はじ》め有《あ》り【天下有始】

「兌《あな》」（感覚や欲望）を塞《ふさ》げば、死ぬまで疲れることはない。その兌に任せ事を為せば、一生救われることはない。「見小」（その小（兆し）を見る）を「明」と呼び、柔を守ることを「強」という。その智の光を用いてこの明に復帰すれば、身のわざわいはなくなる。これを「襲常《しゅうじょう》」という。

「見小」とは小、すなわち兆しを見ることを意味する。微かな兆しを感知することを「明」という。この明は本計ですでに指摘したように（老子「致虚極」）、無のあり方に関する智慧のことを指す。ここでの明とは、兆しを直覚することに該当する。

つまり、勢いを直覚するには、目に見える世界に生じる「兆し」に着目する必要がある。易経では、春の兆しは春分ではなく、寒さが窮《きわ》まった冬至にあるとする。冬至は日照時間が一年で最も短い日のことであり、その後、日照時間は長くなっていく。つまり、いまが底であり、その冬至に春の兆しを見る。冬至のことを一陽来復というのはこの兆しを指す。[16]

この兆しは、現代の言葉で言い換えれば、「先行指標」に相当する。

「潜在的勢いを感知するためには、何らかの先行指標に注目する必要がある」

何が先行指標となるのかは、各人の創意工夫で発見していくしかない。

「韓非子」喩老編には、紂王《ちゅうおう》が象牙の箸を使っているのを見た箕子《きし》が、殷の亡国を予測した例が紹介されている（象箸玉杯）。箸で贅《ぜい》を尽くせば、次は宝石でできた杯、その次は珍味を求めることになる。この浪費はエスカレートしていき、国が危うくなる。箕子は象箸にその兆しを読み取った。

望ましいのは、この兆しの段階で物事を処理することである。

先行情報に対処することの重要性を示唆するものとして、ハインリッヒの法則がある。(17)これは、１つの大事故が起こる前には29の中事故があり、その前には３００の小事故があることを主張する。

大事故が起きる前には必ずその兆しがあり、その段階で対処すれば最小限の支出で大事故を回避することができる。中事故の段階で対処することも可能だが、望ましいのは、３００ある小事故を感知し、それに対処することである。

兆しの段階で対処できれば、少ない労力で高い効果を生み出すことができる。すでに指摘したように、老子の基準とは、「最小努力で最大効果」を発揮することにある。その最適なタイミングが兆しの段階になる。川の上流では水量が少なく、その流れの方向を意のままに変えることができる。しかし、下流に行けばいくほど、その変更は難しくなる。

中国医学には未病という考え方がある。未病とは病気未満ということであり、病気として症状は現れていないものの、病気を誘発しやすい体の状態を指す。したがって、この体の状態、体質を改善するために漢方治療を行う。もし病気が発症すれば、その治療は難しくなる。しかし、未病の段階で対処するのはやさしく、大きな手術をすることを思えば、それは小事にすぎない。このように、

「老子の聖人とは、この兆しの段階でのみ行為する」

かれは川の中流、下流ではもはや行為することはなく[18]、ただ戦略的手抜きをし、勢いに任せるだけになる。したがって、上流の段階でターゲットとなるべき先行指標をもち、それを観察することは直覚にとって重要なポイントになる。

柔を守るとは、この兆しの段階で柔軟な対応をすることを意味する。萌芽段階での対応は大きな効力をもつ。だからそれは「強」になる。

このように兆しの段階で適切に対処することが「その智の光を用いてこの明に復帰する」ということであり、それによって身の災いはなくなる。これを「襲常」という。すなわち、無為は常（不変）であり、その勢いに襲《つ》ぐ（したがう）、勢いに順応するという意味になる。

ジャムの法則——過剰な情報は判断を狂わせる

以上から、先行指標を明らかにし、それを観察し、兆しを感知したならば即座に対処することが重要になる。言い換えると、この先行指標とは形の一種であり、それを知覚し勢いの兆しを直覚する。この教えでは、「戸を出でずして天下を知る」ための具体的方法が明示されていると解釈できる。

ただし、老子は同時に感覚器官を外に向けると危うく、感覚器官を外から閉ざしたほうがよいと主張している。「兌」とは感覚器官の出口のことを指す。これを塞ぐとは、知覚・感覚に影響されないことを意味する。しかし、先行指標に関して閉ざしてしまうと、これは逆に危うくなる。この部分は、過剰な外的情報に惑わされることの弊害を説いているものと解釈するべきだろう。老子「五色令人目盲」（本書第六計）のところで述べたように、

「過剰な情報は勢いの判断を狂わせることになる」

意思決定をする際、一般には情報量は多いほうが望ましいと考えられている。しかし、いくつかの心理実験では、選択肢が多くなればなるほど選択できなくなることが示されて

いる。たとえば、心理学者、アイエンガーによって提唱された「ジャムの法則」がある。[19]アイエンガーは、あるスーパーで実験を行い、24種類のジャムが置いてある棚と、6種類のジャムが置いてある棚とでは、購買行動が異なることを明らかにした。試食した人数では24種類のジャムが置いてある棚のほうが多かった。しかし、購入率では、6種類のジャムしか置いていない棚のほうが10倍高くなった。

この結果から、選択肢が多すぎると1つのものを選ぶのが難しくなり、選択自体をやめる傾向があることが明らかになった。これは「ジャムの法則」あるいは「決定回避の法則」と呼ばれている。

この法則からすると、数多くの外的情報に注意を向けると逆に意思決定ができなくなることが生じ得る。兌を塞ぐとは、そのような弊害を指すものと考えられる。過剰な情報収集をするよりも、特定の先行指標にのみ着目し、戸を出でずして天下を知ることのほうが重要になる。

第七計で学ぶ老子の教え

● 潜在的勢いは、先入観、思い込みを排除することで感知できる。

- **顧客の潜在ニーズは、顧客の行動を観察し、それを洞察することで求められる。**
- **先行指標に着目し、兆しの段階で対処できれば、最小努力で最大効果を発揮する。**

【注】

(1)アンリ・ポアンカレ著、吉田洋一訳『科学と方法』岩波文庫、1953年。
(2)グレアム・ウォーラス著、松本剛史訳『思考の技法』ちくま学芸文庫、2020年。
(3)ウォーラス前掲書。
(4)ポアンカレ前掲書、62ページ。なお、この翻訳書の和訳文はやや難解であるため、原文を参考に新たに翻訳している。
(5)ポアンカレ前掲書、65ページ。なお、引用した文章は訳文と一部表現が異なる。
(6)小平邦彦『怠け数学者の記』岩波現代文庫、2000年。
(7)大濱『老子の哲学』前掲書、12章参照。
(8)宗像誠之「管理屋の跋扈でソニーからヒットが消えた」『オレの愛したソニー』日経ビジネス電子版2016年5月30日。
(9)金谷治『老子』講談社学術文庫、2012年。154ページ。
(10)伊福部前掲書、305ページ。
(11)この点で老子と禅とは共通するところがある。虚心とは禅でいう見性や本来の面目、絶対無に対応し、その具体的な手段またはそれが現れた姿が坐禅となる。分別、知識は妄念であり、妄念とは本質的には無念にほかならない。つまり、妄念には実体がなく、それは無に帰する。ここで無念と離念とは異なる。離念とは念をもたないようにそこから離れようと努力することを含意する。一方、無念とは、そもそもそのような念には実体がなく無であるということであり、それは慧能によって「本来無一物」と表現された。

(12)禅もまた知識の逆機能を重視する。これは理障説と呼ばれている。しかし、仏教のなかで禅ほど多くの文献がある領域は少ないのもまた事実である。

(13)ダニエル・カーネマン著、村井章子訳『ファスト&スロー――あなたの意思はどのように決まるか?』早川書房、2012年。

(14)これはOODAループの考えでいえば、観察(observe)から情勢判断(orient)の段階を意味する。本書では詳しく解説する余裕はないが、老子の教えとOODAループは整合的である。OODAループについては、リチャーズ著、原田勉訳『OODA LOOP(ウーダループ)』東洋経済新報社、2019年、原田勉『OODA Management(ウーダ・マネジメント)』東洋経済新報社、2020年を参照のこと。

(15)論語に「子曰く、誰か能く出ずるに戸に由らざらん。何ぞ斯の道に由ること莫きや」(人が出ていくときに必ず戸口から出て行く。人間が守るべき道は戸口から出入りするようなものであるのに、道を誰も通らないのはどういうわけだろうか)という文がある。老子のこの教えは、この論語の主張に反論したものとして解釈することもできる。つまり、道を行うには戸外に出ることが当たり前であると孔子がとらえているのに対し、そもそも戸外に出る必要がないと老子は主張しているのである。

(16)詳しくいえば、冬至の卦は、初爻にのみ陽が現れる形をとる。

(17)ハインリッヒ著、三村起一監修『災害防止の科学的研究』日本安全衛生協会、1951年。

(18)ここでいう下流とは、振り子運動でいえば終点を指す。運動が停止した底もまた下流であるが、この下流は聖人が創造を行う場になる。ただし、この底は創造が成就すれば瞬時に始点となる点に注意してもらいたい。この本文では川の上流から下流にいくにしたがって勢いが増すことを比喩的に述べているだけであり、振り子運動のような往復運動は念頭に置いていない。

(19) シーナ・アイエンガー著、櫻井祐子訳『選択の科学』文藝春秋、2010年。

第八計

やさしいことだけ手を付ける！
——創造の要諦

其《そ》の安《やす》きは持《じ》し易《やす》し【其安易持】

聖人は俗人が欲しないものを欲し、俗人が好むものを貴ばない。俗人が学ばないことを学び、俗人が顧慮しないものを顧みる。

ギリシャ神話の英雄、老子の聖人

従来の老子の解釈では、無への復帰が強調される傾向が強い。形あるものはいつかは壊れ、有から無へと移行する側面を強調したものである。

その一方で、花のように形あるものは、その形が不在のところ（花の場合では種）、すなわち無から生じる。

この無から形が生じる側面は創造であり、老子の特徴は、この創造的側面を強調しているところにある。無へと復帰するにしても、それは新たに有を創造することを狙ってのことである。

この創造のプロセスは、まずは直覚により潜在的勢いを洞察することが求められる。静かなるプロセスでは、この勢いはその後、形、顕在的勢いへと展開していくことになる。この展開こそが創造にほかならない。

この創造的な展開を促進するためには、どのように行動し、創造に参画していけばよいのだろうか。次の老子の教えは、その具体的な処方箋を示している。

無為《むい》を為《な》す【爲無爲】

無為を為し、無事を事とし、無味を味わう。小を大として重視し、少を多として尊重する。……難しいことは易しいことから手を付けていき、大きなことは、細かなことから為す。天下の難事は必ず易しいことから作《おこ》り、天下の大事はいつでも細かいことから作《おこ》る。だから聖人はいつでも小さいことを為して最後まで大は為さない。だから本当の大を成すことができる。安請け合いをすれば信頼は得られない。安易に考えていると必ず困難な目に遭う。しかし聖人は些細なことでも難しい問題として対処するので、結果的に難しいこともなく問題を解決できる。

これも老子らしい逆説で始まる。「無為を為す」「無事を事とする」「無味を味わう」とは何を意味するのだろうか。無為とは勢いであり、無事とは無の勢いによって生じた事象であり、無味とは無の勢いの知覚のことであろう。したがって、これらは無の働き、勢いに順応した行為、より正確には反応のことを意味する。

この「無に順応した反応」とはどのようなものなのだろうか。そこで老子は、「天下の難事は必ず易きより作り、天下の大事は必ず細より作る」と指摘する。川の例でいえば、川の流れは、上流の湧き水から始まるのであり、それらの周辺では勢いはそんなに強いものではなく、微かな兆しが感知されるにすぎない。しか

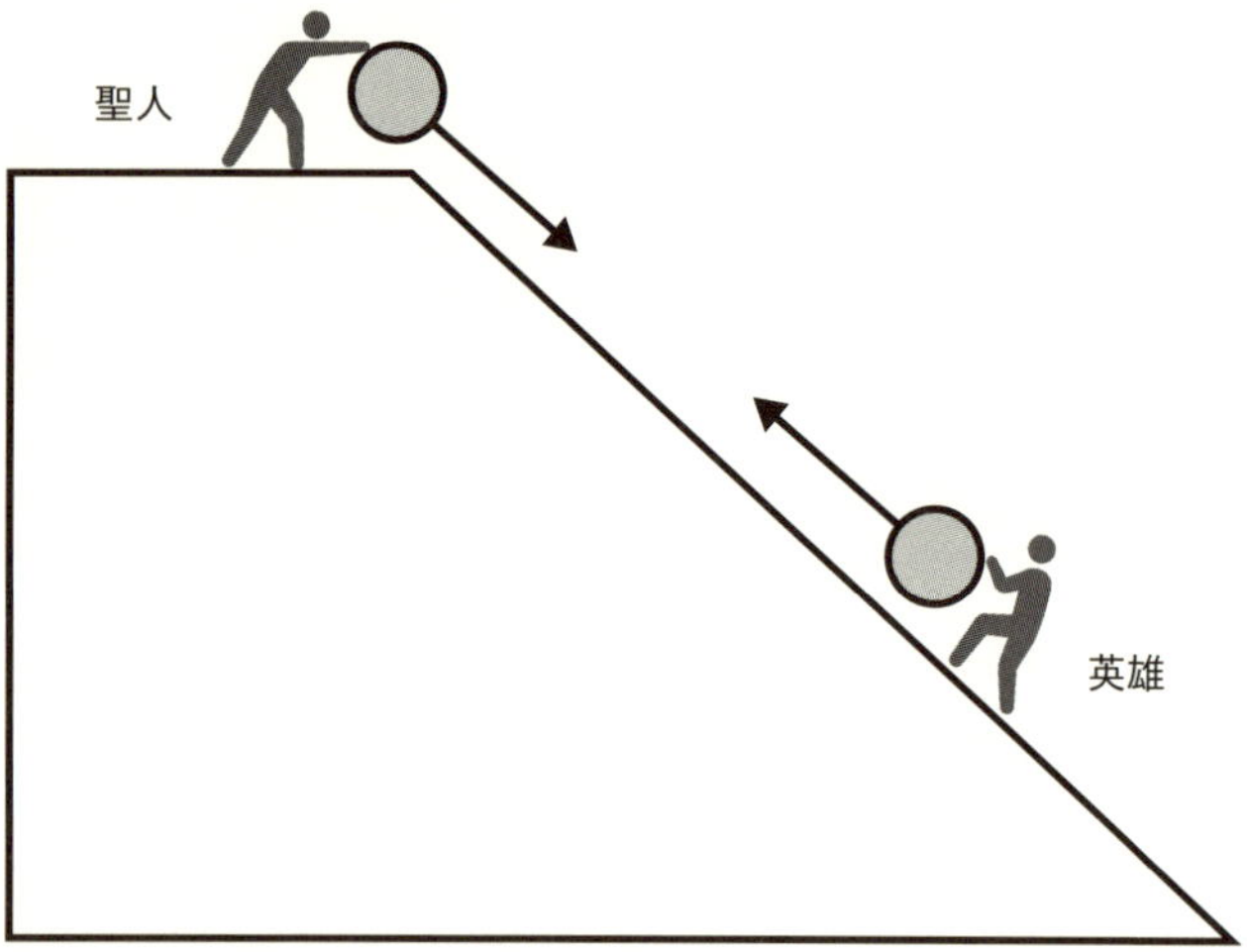

し、その小さな勢いがやがて中流、下流に到るにしたがい大きな川の流れになってくる。

したがって、天下の難事は易しいところ、天下の大事は細、つまりは始点より始まる。山から球を転がす例でいえば、山の頂上から球を転がそうとするのが老子の聖人になる。

このような道のプロセスをわきまえている聖人は、

「終に大を為さず、故に能くその大を成す」

ことになる。大を為さないとは、流れに反した人為的な動きをしないことを意味する。たとえば、山の頂上から転がってきた球を麓で受け止め、それを再び頂上へと持ち上げようとするのが人為的な動きになる。これは、ギリシャ神話に見られるように、神的な力技により苦難を克服し大きな勝利を得る英雄の行為となる。

一方、老子の描く聖人や孫子の優れた将とは、このような大を為す人物ではない。山の頂上から球を転がすことのみに関与し、あとは静かなるプロセスの展開を見守ることに徹している。聖人は山の中腹や麓の球の流れに関与しないという意味で「終に大を為さず」、しかし、大きな勢いを生み出すことになるため、「能くその大を成す」結果になる。

これをより具体的に表現すれば、物事をなすに際しては、

「まずは、小さなこと、やさしいことから手を付けるべきであり、最初から困難や大事に取り組むべきではない」

もちろん、大きな志をもつことは否定しない。しかし、着手するのは、小さなこと、やさしいことになる。それらを積み重ね、クリアするなかで次第に大事を成すことにつながっていく。

極端に表現するならば、私たちは小さなこと、やさしいことだけを慎重に行っていけばよい。ただし、その終点である大事とは何なのかを見据えていなければならない。つまりは志であり、着眼大局、着手小局がポイントになる。

自分の強みにレバレッジを効かせる

容易なことに手を付けるということは、自分の得意なこと、能力のあることに注力することを意味する。言い換えると「強みを生かす」ことになる。それだけでなく、容易なこと、小さなことが大きな効力をもたなければならない。

これはマネジメントの観点からは、レバレッジを利用するということになるだろう。レバレッジとは、

インプット×レバレッジ＝アウトプット

で定義することができる。レバレッジが大きければ、同じインプットで2倍、3倍の効果を得ることができる。これが山の頂上から球を転がすことに該当する。球が勢いを増していくのは、山の傾斜があるからだ。この傾斜、すなわち形に該当するのがレバレッジになる。老子の「最小努力で最大効果」の評価基準は、このレバレッジで測定することができる。

たとえば、第五計で指摘したプラットフォームのネットワーク効果などは、このレバレ

ッジになるだろう。オンラインを通じて集客し、その評判を拡散していくことができれば、ネットワーク効果を通じ、オンライン上のデザイン、メッセージだけで大きな成果を得ることができる。ただし、レバレッジは放置しておくと競合に模倣され、その効果は減少することになる。つまり、山の傾斜がなだらかになっていく。

それを回避するためには、単なる文字や画像だけでなく、動画や音楽を取り入れるなど、絶えず新たな要素を取り入れ、レバレッジを更新していく必要がある。

このようなレバレッジが確保されたうえで、小さなこと、やさしいことに手を付ければ、当然ながら大きな効果を生み出す。

人が軽蔑し無視することから学ぶ

では、このようなレバレッジを生み出すプラットフォームの発見は、どのようにして可能なのだろうか。言うまでもなく、それは潜在的勢いの直覚を通じてである。しかし、そこには内在する知識が重要な役割を果たす。その一部が思い起こされることで直観が働き、新しい形としてのプラットフォームを洞察することができる。

問題は、その洞察を促す内在的な知識とはどのようなものなのかという点にある。これに関し、老子は次のように語る。

其《そ》の安《やす》きは持《じ》し易《やす》し【其安易持】

聖人は俗人が欲しないものを欲し、俗人が好むものを貴ばない。俗人が学ばないことを学び、俗人が顧慮しないものを顧みる。これによって万物の自然をたすけ、あえて人為を為さない。

これによると、聖人は、俗人が欲しないものを欲し、俗人が好むものを貴ばず、俗人が学ばないことを学び、俗人が顧慮しないものを顧みる。つまり、聖人は、

「人が軽蔑し無視することから学び、そこから創造を行う」

リード・ヘイスティングスがネットフリックスを創業したのは、その個人的な経験が大きく影響している。かれは過去にビデオレンタルショップで『アポロ13』というビデオをレンタルしたが、その返却が遅れ、40ドルもの遅延料金を支払うことになった。

この苦い経験から、顧客が遅延料金を支払うことなく、自由に映画を楽しめる新しいタイプのレンタルサービスの可能性を考え始め、1997年に郵送によるDVDレンタルサービスとして事業をスタートした。このサービスは、顧客が月額定額でDVDを借りられ、

返却期限や遅延料金がないというものだった。

２０００年代初頭にはブロードバンドインターネット接続が普及し始め、オンラインでのコンテンツ消費が現実的になってきた。ヘイスティングスと共同創業者のマーク・ランドルフは、この新しい技術を利用して、映画やテレビ番組をインターネット経由で配信することの可能性を見出し、２００７年に、ＤＶＤレンタルの補完として、ストリーミングサービスを開始した。

このサービスは、顧客が追加料金なしで映画やテレビ番組をオンラインで視聴できるもので、時間や場所に縛られずにコンテンツを楽しむことができるようになった。この新業態により、同社は売上を大いに伸ばすことに成功したのである。

１９８０年代初頭、ジェームズ・ダイソンは自宅で使用していた従来の掃除機の性能に不満をもっていた。かれが使っていた掃除機は、袋が詰まるとすぐに吸引力が落ちるという問題があった。ダイソンはこの問題の原因が、袋に吸い取られたほこりが空気の流れを妨げていることにあると考えた。当時の掃除機は、袋やフィルターにゴミやほこりを取り込んでいたのである。

ダイソンは、工業用サイクロン塔から重要なヒントを得た。これは、塗装工場などで空気から塗料の粒子を取り除くために使用される装置であり、ダイソンは、このサイクロンの原理が家庭用掃除機に応用できるのではないかと考えた。つまり、空気からほこりやゴミを遠心力を使って分離し、掃除機の袋やフィルターが詰まることなく、持続的な吸引力を維持できると考えたのだ。具体的には、掃除機が吸い込んだ空気がサイクロン（円筒形のチャンバー）内で高速で回転し、空気中のほこりやゴミは遠心力により外側に押し出され、サイクロンの壁に沿って落下し、集塵容器に収集される仕組みを構想したのである。

かれは、このアイデアを実現するために、5年間で5127回もの試作を重ね、試行錯誤を繰り返した。最終的にかれは試作品を完成させ、欧米の大手メーカーに売り込んだ。しかし、かれの提案に飛びつくところはなかったため、起業することを決意し、最初のモデルであるG-Forceを1983年に日本市場で発売した。この掃除機は高価格であったもののの大成功を収めた。

ヘイスティングスやダイソンに共通するのは、従来の競合が見向きもしなかった問題点に気づき、競合がもたない新たな技術を導入し、製品・サービスとして展開した点である。ストリーミングサービスやサイクロン方式は、かれらのプラットフォームとなり、そこからレバレッジが働いていった。

これらのプラットフォームは、競合がそれまで全く評価していなかったものであり、これらはまさしく、

「人が軽蔑し無視することから学び、そこから創造を行う」

という事例になるだろう。

なぜ洞察なき創造は失敗するのか？

このように潜在的勢いを直覚し、それを顕在的勢いとして創造していくには、物事を主導するのではなく、「反応」することが求められる。新たな振り子運動を始めるのは、潜在的勢いを直覚した後のことであり、そのような直覚がなく、物事を新たに始めようとするとそれは失敗することになるだろう。

「創造には潜在的勢いの洞察が必要であり、洞察なき創造は失敗する」

ブライアン・チェスキーとジョー・ゲビアは、2007年にサンフランシスコでルームメイトとして共同生活をしていた。当時、かれらは経済的に困窮しており、家賃の支払いにも苦労する有様であった。同年秋にサンフランシスコでは国際的なデザインカンファレンスが開催される予定だったが、開催時期よりかなり前でも市内のホテルはほぼ満室状態だった。この宿泊施設の不足を見て、チェスキーとゲビアはビジネスチャンスを洞察した。

彼らは自分たちのリビングルームにマットレス（エアベッド）を3つ用意し、「エアベッド&ブレックファスト」と称して、カンファレンス参加者に宿泊場所を提供することにした。ウェブサイトを立ち上げ、朝食付きで一泊当たり80ドルで宿泊を提供することにした。

結果として、3人のゲストがこのサービスを利用した。これらのゲストは会議に参加するためにサンフランシスコを訪れており、安価で快適な宿泊場所を求めていたのである。

この成功体験から、チェスキーとゲビアは、このアイデアの潜在的勢いを確信した。つまりは十分な洞察を得たのである。かれらは後に技術者であるネイサン・ブレチャルチックを共同創業者として迎え入れ、2008年にエアビーアンドビーとして正式に事業を立ち上げた。かれらの目標は、世界中のどんな人でも自宅の空きスペースを活用して収益を得られ、ユーザーは、従来のホテルにはない、より個性的でパーソナライズされた宿泊体験をすることのできるプラットフォームを作ることであった。

エアビーアンドビーはこのユニークなビジネスモデルによって急成長し、世界中で数百万の利用可能な宿泊施設が登録されている。その成功は、旅行業界に革命をもたらし、シェアリングエコノミーの象徴的存在となった。

一方、十分な洞察なく事業を見切り発車でスタートさせ、致命的な失敗に到った例は無数に存在する。このような場合、顧客の潜在ニーズの絞り込みが甘く、競合との差別化が十分に行われていないことが多い。第七計で言及したファブリーズもまた、開発当初は十分な洞察がなく、ただ「悪臭を消す」という常識的なアイデアを実現したものにすぎなかった。初期の失敗を通じて調査を徹底し、顧客のヒアリングから始めて新たな洞察を得ることができたのである。

エリザベス・ホームズは２００３年にスタンフォード大学を中退し、セラノスを創業した。彼女は、従来の血液検査が多量の血液を必要とし、時間もコストもかかるという問題を解決するため、数滴の血液で数百ものテストが可能なデバイス「エジソン」を開発すると主張した。ホームズのカリスマ的なリーダーシップとこの革新的なアイデアにより、多くの投資家から約9億ドルの資金を集めることに成功した。一時期、セラノスの企業価値は90億ドルに達し、ホームズ自身も若き女性起業家として多くのメディアに取り上げられ、絶大な評価を受けた。

しかし、２０１５年、『ウォール・ストリート・ジャーナル』がセラノスの技術に疑問を投げかける記事を掲載した。この記事によると、セラノスのデバイス「エジソン」は非常に不安定で、信頼性が低いことが判明した。また、実際にはセラノスが公表していたような幅広いテストをエジソンで行っていたわけではなく、多くの検査は他社製の標準的な機器を用いて行われていることが明らかになった。

この報道の結果、セラノスの評判は地に落ちることになり、投資家や医療関係者の信頼は失墜した。最終的に、エリザベス・ホームズとそのビジネスパートナーであるラメッシュ・バルワニは、詐欺と陰謀の罪で訴追され、有罪判決を受けることになった。

これは推測になるが、おそらくホームズは十分な洞察なく見切り発車で事業を始め、そのアイデアを大々的に宣伝し、つじつまが合わなくなり、データを捏造する結果になったものと思われる。

つまりは「洞察なき創造は失敗する」のである。

老子の三宝——慈、倹、天下の先とならず

この点に関する戒めとして、老子は三宝について述べている。

天下皆謂《てんかみないい》う【天下皆謂】

私には三つの宝がある。これを大切に守り続けている。一は「慈《じ》」、二は「倹《けん》」、三はあえて「天下の先とならず」、である。慈であるから勇たることができる。倹であるから広く用いることができる。天下の先となろうとしないから、周りから推されて長となる。慈を捨てて勇ならんとし、倹を捨てて広く用いようとし、後となることを捨てて先に立とうとすれば、ただ死あるのみである。本当に慈をもって戦えば、必ず勝つ。慈をもって守れば守備は固い。天がこれを助けるのは、慈で自らも守っているからである。

三宝とは、「慈」「倹」「天下の先とならず」の3つであり、これが道における指針となる。慈とは、通常は親の子に対する愛や思いやりを意味する、しかし、ここでは、無為を尊重する心を指すものと解釈できる。

倹は、第五計ですでに見た老子「治人事天」の「嗇《しょく》」に該当し、無為のプロセスに対し人為的な介入を避けることを意味する。

天下の先とならずとは、無為との不争を指す。つまり、無為の勢いに対し、それに順応し反応する行動指針が三宝としてまとめられている。

この三宝を無における創造的行為として翻訳すれば、洞察が現れる前に行動に移らない、洞察が得られるまで対象・道に慈しみをもち、小さなこと、やさしいことに注力し、自ら主導しない、ということになるだろう。これらを一言で表現すれば、「アクションではなく潜在的勢いへの反応、リアクションを重視する」ということになるだろうか。

第八計で学ぶ老子の教え

● **困難を避け、容易なこと、小さなことから始める。**

● 人が軽蔑し無視することから学び、そこから創造を行う。
● 「慈」「倹」「天下の先とならず」の老子の三宝を遵守する。

第九計

組織のグリップを手放す！

——無為の経営

正《せい》を以《もっ》て国《くに》を治《おさ》め【以正治國】

世の中に禁令、禁止事項が多くなればなるほど、民はますます貧しくなり、文明の利器が多くなるほど国は混乱する。

老子が説くマネジメントのランキング

ここまでは、老子の静かなるプロセスのエッセンスと、リーダーがそのプロセスにしたがうためにすべきことについて解説してきた。この計では、静かなるプロセスを実践し、メンバーが自律的に行動する組織、つまり、リーダーが何もしなくても結果を出す組織のつくり方について解説する。

まず老子は、大半のルールを否定する。老子はルールという言葉を使用していないが、それに該当するものに対し、次のようなランキングを行っている。

上徳《じょうとく》は徳《とく》とせず【上徳不徳】

「上徳」は、徳であることがわからない。だから真の徳となる。「下徳」は、徳を失うまいとして本当の徳とならない。上徳は無為であり、徳のために為そうとしない。下徳は自分の意思で為そうとし、徳のためにこれを為す。「上仁」は自分の意思でこれを為すが、仁のために為すのではない。「上義」は自分の意思でこれを為し、それによって義を為そうとする。「上礼」は自分の意思でこれを為し、相手がこれに応じない時には強制的にも応じさせようとする。そのため道がなくなってから徳が現れ、徳がなくなってから仁が現れ、仁がなくなってから義が現れ、義がなくなってから礼が現れる。

老子のここでの主張をランキングとしてまとめると次のようになる。

第1位　上徳——自然の勢い
第2位　下徳——人為的な勢い
第3位　上仁——リーダーシップ
第4位　上義——推奨ガイドライン
第5位　上礼——義務規定

このなかでルールに該当するのが上義と上礼になる。いまの言葉に翻訳すれば、「推奨ガイドライン」と「義務規定」になるだろう。推奨ガイドラインはそれにしたがうことが推奨されるが強制ではない。一方、義務規定は、強制的に遵守することを求め、罰則を伴うこともある。老子はこのような規範性、強制性を伴うルールを信じていない。

それらに代わるのが、上徳・下徳になる。上徳は自然の勢い、下徳は自然の勢いが弱くなっているときに、それを強化するために人為的な工夫で生み出された勢い（人設の勢い）になる。第3位のリーダーシップも場合によっては必要であり、これは中程度の評価になる。しかし、あくまでも「勢い」が主眼となる。

しかし、本当に「勢い」だけで組織の効率的なマネジメントは可能なのだろうか。

当然ながら老子の時代には、企業組織は存在していなかった。しかし、老子は複数の統治のあり方、現在の言葉でいえばマネジメントについても同様のランキングを第一計で引用した箇所でつけている。ただし、第一計では詳しく解説していなかったので、その部分を再掲することにしよう。

太上《たいじょう》は下《しも》これ有《あ》るを知《し》る【太上下知有之】

太古の世では、下々の民は君主の存在を知っているだけであった。時代が下ると、これを親しみ、これを誉める。時代がさらに下ると、これを畏れる。さらに時代を下ると、これを侮るようになった。君主に信が足りないと、民はお上を信頼しなくなる。君主が悠然として口出ししなければ、功績を上げ、事を完遂し、民は「自分たちは自然にこうなっている」と言うのである。

これをまとめると、次のようになる。

第1位　無為の政治（老子）――セルフマネジメント型経営
第2位　仁の政治（儒教）――リーダーシップ型経営
第3位　法による政治（法家）――ルール型経営
第4位　権謀術数による政治（春秋戦国時代）――派閥型経営

このなかで最も理想的なのが中国古代の伝説の王、堯《ぎょう》・舜《しゅん》による統治であり、それは無為による政治に該当する。『十八史略』（帝堯陶唐氏）によると、この御代で民が歌ったとされる童謡は次のようなものであった。

「日が昇れば働き、日が沈んだら休む。井戸を掘って水を飲み、畑を耕して飯を食べる。帝の力など私には関係がない」

つまり、堯・舜は王として君臨していながら、現場に介入せず、民は自立して日々の生活を平和に楽しく暮らしていた（鼓腹撃壌《こふくげきじょう》）。ただし、堯・舜が実在したのかどうかは疑わしく、おそらくそれらは儒家によって創作された伝説だろう。しかし、この村落の実態は決して非現実的なものではなく、国家統治の及ばないところでは、このように自立した生活が営まれていたものと想像される。

これは現代的に翻訳すると、ホラクラシーのような「セルフマネジメント型経営」になるだろう。そこでは、上位管理者が現場に介入することなく完全に権限委譲することになる。現場では上位管理者が誰なのかを知らず、それでも現場の自律性やその果たす役割により組織は機能する。

第2位がカリスマ的なリーダーシップを発揮するマネジメントであり、部下たちはリーダーに心酔し、高い忠誠心をもつ「リーダーシップ型経営」になる。第3位が官僚制組織に代表される「ルール型経営」であり、最下位が、社内政治を誘発する「派閥型経営」になる。

職位ではなく、役割に対して権限を与える

老子が説くセルフマネジメント型経営の事例として、靴や衣料などを販売するECサイトのザッポスを紹介しよう。トニー・シェイはザッポスのCEOとして、同社を高い顧客満足度と独特な企業文化で知られる企業へと変貌させたことで知られている。かれは「企業文化がすべて」という信念をもっており、強い企業文化が高い顧客満足度に直結すると考えていた。

そのため、かれは職場環境の改善、自由なドレスコード、社内イベントの開催など、従業員が楽しく働ける環境作りを次々と実施していった。しかし、同社の独自性はこれらの施策ではなく、階層組織を撤廃し、ホラクラシーを導入した点にある。

ホラクラシーは、従業員の自律性を高め、セルフマネジメントを促進するためにブライアン・ロバートソンによって提唱された管理手法である。

ホラクラシーでは、組織メンバーは対等な関係になり、原則として上下関係はない。職

位やタイトルはなく、役割のみが導入される。各役割は明確な責任と権限が定められており、従業員は一人で複数の役割を担うこともできる。通常の組織では、職位に権限が与えられる。それに対してホラクラシーでは、役割に対して権限が付与される点で異なる。役割によっては、新入社員が経営トップに対し権限を行使することも建前上は可能になる。

かつてあるマーケティングリサーチ企業のトップにお会いしたことがある。その企業ではこのホラクラシーに類似した経営を行っており、職位はあったものの、案件によっては役割に応じて権限が与えられていた。そのトップは、部下から指示を受けて、その下請け的作業をこなしており、私が会った日の翌日が締め切りなのでこれからその作業に取り掛からなければならないと話されていたことを思い出す。

ホラクラシーでは、この対等なメンバー間での役割分担にもとづき、組織は複数のサークルから構成される。サークル内での意思決定は、そのメンバー全員が合意に達するまで議論を続ける「統合的意思決定プロセス」を通じて行われる。

この決定プロセスは透明化されており、それに関する情報はすべて組織内で共有されることになる。また、役割やサークルも必要に応じて自由に変更することが可能である。

このようなホラクラシーの導入は、ザッポスにおいて大きな変化をもたらした。従業員にはより多くの自由と責任が与えられ、自律的で柔軟な働き方が要請された。トニー・シェイはこのシステムが長期的には従業員のエンゲージメントを高め、より革新的で適応性の高い組織を築き、強い企業文化を構築することに寄与すると信じ、それを実現していった。

もちろん、全従業員がこのホラクラシーを受け入れたわけではなく、同社を去る人材も少なくなかった。したがって、人材採用に際しては、同社の企業文化やこのホラクラシーに合致しているかどうかが重視された。

ザッポスでは、新入社員が顧客サービストレーニングを完了した後、退職を希望する従業員に金銭を提供する「オファー」と呼ばれる制度がある。その金額は、当初は1000ドルだったものが、最終的には4000ドルまで増額された。おそらく退職する従業員のために金銭を提供したのは同社が先駆けだったのではないだろうか。

このオファーは、「辞めやすくするためのインセンティブ」を提供したものだ。その目的は、企業文化にフィットする人材のみに働いてもらいたいからにほかならない。

ホラクラシーにフィットしない人材は、組織の勢いを削ぐことになる。一方、この分散的な組織構造にフィットする人材は、柔軟で自律的な職場環境を十分に活用し、能動的に働くことでさらに組織の勢いを高めていくことができる。

トニー・シェイの優れたところは、目先の業績や小手先の改革に惑わされることなく、ホラクラシーやオファーという「形」を通じて第一計、第二計で述べた無の効力、すなわち余白の効力（上下関係の撤廃）や柔弱の効力（自律型分散組織）を発揮していった点にある。

これらの効力で得られた組織の勢い（従業員の幸福度）が、顧客満足度の向上に直結し、業績という意味での勢いも加速化していったのである。

天下統一に貢献した曹参が日夜したこと

老子のマネジメントのランキングでは、リーダーによる統制、介入が増えるにしたがい評価が低くなる。強制性を伴うルールも低く評価される。したがって、セルフマネジメント型経営が最も望ましいことになる。しかし、このセルフマネジメント型経営に踏み切ることは難しい。ただ老子は、それは道、無為、すなわち自然の勢いに対する信が足りないからだと叱責する。

老子の思想は前漢になると、法家思想と融合された黄老思想と呼ばれるものに変容し、武帝の時代までは漢王朝で尊重されることになった。その考え方によると、リーダーの仕事はただ法を遵守することだけであり、自らの感情や欲望を見せたり、それ以外の余計なことをしてはいけないということになる(1)。

たとえば、劉邦とともに戦い、項羽を打ち破って天下統一に貢献した曹参《そうしん》は、斉の丞相に任ぜられた。その後、漢王朝初代の相国である蕭何《しょうか》の跡を継いで二代目相国に昇任する。そこで曹参がやったこととは、政事を行うことなく日夜酒を飲み続けることであった。職務怠慢ではないかと恵帝から叱責されると、次のように返答した。

「陛下よりも優れた高帝（劉邦）と自分よりも優れた蕭何がつくった法があります。それですべては明らかです。法を遵守し、過失がなければそれで問題ないのではないでしょうか」

恵帝はその答えに納得し、それ以上は不問に付された。つまり、法令さえ遵守していればあとは不作為でよいという考え方であり、これは黄老思想を反映した統治のあり方であろう。

ただし、老子は法については語らず、それを重視もしていない。老子はセルフマネジメントを基本とした政治を信じ、それについて楽観的であった。しかし、実際に国政に携わるには法を無視することはできず、漢の国家形態が郡国制（直轄地は郡県制、地方は封建制）であったため、優れた法を遵守し、それ以外の政事には関与しないというのは、その制度のなかで可能なかぎり老子の説く無為の政治に接近したものだったと考えられる。(2) 実際、『史記』でもこの曹参の無為の政治は賞賛されている。

本社ビルの完成は組織の終息を意味する

この老子のセルフマネジメント型経営は、リーダーシップを敵視しているわけではない。リーダーの不作為が許されるのは、振り子運動でいえば、勢いが強く、振り子の運動方向が明確である場合にかぎられる。しかし、振り子が減衰し、底で停止すると、そこからは新たな動きを創造する必要がある（第七計、第八計参照）。その場合、法さえ守れば日々酒を飲んでいてよいということにはならない。

老子が無為のマネジメント（セルフマネジメント型経営）を主張するのは、むしろ、人為的なマネジメントの弊害を念頭においていたからだと思われる。その弊害とは、経済学的な言葉を使えば、経営者による帝国建設（エンパイア・ビルディング）になる。これは、組織ではなく個人の利益を最大化するための行動のことを指す。

我《わ》れをして介然《かいぜん》として【使我介然】

もし私が大道を行うのであれば、ただ、ただ、「施」（横道、小径、人為的な介入）にそれることを何よりも畏れるであろう。大道なるものは、「夷」（誠に当たり前すぎて人の気のつかないようなもの）である。だから民はこれを捨てて小径を好む。宮廷が必要以上に美しくなれば、田畑は必ず荒廃し、人々の倉庫は枯渇する。政治の府にいる人たちが、美しい服を着、利剣を帯び、飲食に飽き、財貨を余るほど蓄えている。これを驕り高ぶる姿、人であると言わずして何と言おう。誠にこのようなものは道ではない。

この教えにある「施」(横道)とは、人為的制度・介入であり、無為の勢いに逆らうことをいう。具体的には、宮廷が華美豪華になることであり、それは農村の生産性向上とは何ら関係をもたない。むしろ、それらの出費をまかなうための課税によって、農村での生産活動は阻害されることになるだろう。

杜甫の詩「朱門に酒肉臭きに、路には凍死の骨あり」(貴族の邸宅には酒や肉があり余っているが、路には飢え死にし、凍死した骨が転がっている)は、このあたりの社会の現実を詠っている。

よく知られた話であるが、中小企業の経営のあり方を評価する手っ取り早い方法は、トイレと社員食堂をチェックすることである。トイレが清潔でスリッパがキチンと揃っているかどうかで規律の徹底がどこまで行われているかがわかる。社員食堂が地下の暗いところではなく、眺望のよい明るい部屋にあるならばそれは経営者による社員重視の姿勢の現れになる。しかし、多くの中小企業では、最も眺望の良い部屋は社長室になっていることが多い。

しかし、それは老子のいう「施」であり、大道ではない。トイレの清掃、整理整頓など当たり前すぎて誰も気づかないことにこそ、無為のマネジメントは現れているのである。

大道とは、「夷」、すなわち当たり前のことであり、目の前の当たり前のことを処理していく。それこそが大道であり、組織階層の各々が大道を行えば、マネジャーは現場には介入する必要がない。それによって、無為のマネジメントが実現される。

組織論では、「施」に関連する現象として、「パーキンソンの法則」と呼ばれるものがある。[3] この法則には複数の命題があり、そのなかの1つが、「本社ビルの建設計画はその組織の崩壊点に達成され、その完成は組織の終息や死を意味する」である。

また、「施」を重視すれば、どうしても無駄な支出が生じる。たとえば、パーキンソンの第二法則は、「支出の額は、収入の額に達するまで膨張する」と指摘する。その支出は必ずしも必要不可欠なことに充てられるのではなく、経営者の帝国建設のために使われることが多い。そして、支出の拡大は、組織の拡大へとつながる。パーキンソンの第三法則は、「拡大は複雑を意味し、複雑は腐敗を意味する」と指摘する。

このように人為のマネジメントは、パーキンソンの法則が予測する方向へと突き進み、最終的には組織の崩壊へと到るかもしれない。そこまで極端な結果にならないまでも、少なくとも現場の犠牲を伴うことになる。

釜ゆでの刑は廃止すべきか？

老子はルール型経営をあまり高く評価していない。老子は次のように語っている。

正《せい》を以《もっ》て国《くに》を治《おさ》め【以正治國】

世の中に禁令、禁止事項が多くなればなるほど、民はますます貧しくなり、文明の利器が多くなるほど国は混乱する。悪知恵が増えると悪事が盛んになり、法令が整備されると盗賊がますます増える。

禁止事項、法令を多く課せば課すほど、民の行動は制約され、自発的行動、勢いが疎外される。その結果、民はますます貧しくなる。おそらく機能している組織とは、禁止事項やルールはそんなに多くなく、ルールなしで自然にまとまっているのではないだろうか。

禁止事項、法令は、人々に望ましい行動をとらせるために課され、その多くは性悪説にもとづいている。それによると、人は放置しておけば仕事をさぼり、帝国建設をする。このモラルハザード（具体的には監視がなければ組織の利益に反した個人の利益で動くことを指す）を回避するためには、罰則やモニタリングを強化しなければならない。これが禁止事項、法令となって現れる。

しかし、このような足かせを課せば課すほど、組織の勢いを削ぐ。たとえば、組織で不祥事が起こると、再発防止策として新たな規則が関係のないところも含めて一律に課されることが多い。その結果、組織が逼塞《ひっそく》してしまうことになる。

徳川が織田軍とともに武田氏を滅ぼしたとき、論功行賞で駿河一国が与えられた。家康が武田氏の本拠地、甲府を通ったとき、武田勝頼が処刑用に使っていた釜ゆで用の釜を見つけ、家臣に命じて駿府まで運ばせた。家康の家臣であった本多重次は、その釜が駿府の刑場に設置されているのを見つけ、家康の許可なくその場で釜を壊した。それを知った家康は激怒し、重次を呼びつけ叱責した。そのとき重次は次のように反論した。

「甲斐・信濃は勝頼の政治が悪く、人心が乱れているため、釜ゆでというみせしめの極刑が必要でした。殿も、釜ゆでの刑を必要とする人心を乱した治政を行うつもりなのですか[4]」

家康はこの諫言《かんげん》に一本取られ、ぐうの音も出なかったという。

何が成功で何が失敗かは事前にはわからない

セルフマネジメント型経営を行うのであれば、それが軌道に乗っているかぎり、リーダーは「何もしない」「戦略的に手を抜く」ことが求められる。にもかかわらず、対立する意見が現場で出され、関係者同士の議論では決着がつかないような場合がある。

部下がリーダーに対立する意見の裁定を求めたとしよう。老子ならこの求めにどのように対処するだろうか。

其《そ》の政《まつりごと》、悶《もん》悶《もん》たれば【其政悶悶】

政治があってないような「悶悶」（ぼんやり）としていれば、その民は純樸である。政治が「察察」（立派に整備されすみずみまで目を光らせている）であれば、民はずる賢くなる。禍の中には必ず福が寄り添っており、福の下には禍が隠れている。この循環のきわまるところはだれも知らない。そこに一定の法則はない。正しいものがまともなものでなくなり、吉と思われたものが不吉なものと代わる。人はこの道理がわからず、その迷いは大昔から続いている。これだから聖人は、品行方正でありながら善悪を区別せず、清廉でありながら他人を批判せず、真っすぐでありながら、それを押し通すことはない。光があってもそれを輝かそうとはしない。

上に立つ者は、その政治、経営があってないようなもののように、ぼんやりしたものにしておく。これが「悶悶たる政治」だ。それに対し、これを「察察たる政治」で罰則規定、禁止事項を細かく制定すると逆に民のフラストレーションは高まる。

なぜ、察察たる政治はダメなのか。それは、

「何が福（成功）で何が禍（失敗）かは事前にはわからない」からだ。たとえば、国が豊かになると民は奢侈《しゃし》に流れ亡国のきっかけとなる。しかし亡国するとそこから忠臣が現れ、国を救うことになる。家が貧しいからこそ孝子が育つ結果となる。スティーブ・ジョブズの言葉を借りれば、「コネクティング・ザ・ドッツ（点と点をつなぐ）」ができるのは、過去を振り返ったときのみである。

未来は非常に不透明であるため、聖人は、事前に規則を定め、成否、是非を判断するようなことはしない。もちろん、自らは正しく振る舞おうとするが、他者を自らの行動規範によって判断することはない。

福が禍に変わり、禍が福に変わるなかでは、完全な秩序をつくってもすぐに使い物にならなくなる。マニュアルや規則をつくったところで、それはすぐに陳腐化する。ジョブズが大学を中退したことで、時間に余裕ができ、カリグラフィー（書体）の授業に潜り込んで聴講することができた。その知識がMacintoshの開発に生かされた。したがって、大学中退という一見すると禍になるものが、福となったのである。

リーダーは事前に判断せず、結果を見て判断する。したがって、対立する意見があり裁定を求められたら、おそらく老子ならば次のように答えるだろう。

「それはあなたたちで解決しなさい」

ルールをあえて破る

では、禁止事項や罰則がなく、リーダーからの明確な指示がなくても秩序は果たして本当に維持されるのだろうか。罰則があろうがなかろうが、どのような社会でも罪を犯す者は出るだろう。しかし、老子はそのような罪人に対しても、人為的なルールで罰してはいけないと主張する。

敢《あ》えてするに勇《ゆう》なれば【勇於敢】

決断に勇であれば罪人は殺され、決断しないことに勇であれば罪人は生き延びる。この二つのどちらかは、利害によって決定される。しかし、天がにくむところの理由は、だれも知り得ない。聖人ですらこれを知ることは難しい。ただ天の道は争わずしてよく勝つ。言わずしてよく応じ、招かずして自ずから来たり、担然としているが完全な計画性がある。天の網は広大でその網目は粗く、しかも悪人を逃すことはない。

有名な「天網恢恢疎《てんもうかいかいそ》にして漏らさず」（原文では「失せず」）は、この箇所が由来になっている。天の網は粗いように見えるが実は何事も見逃すことなく、本当の罪人であれば天がその者を裁く。したがって、裁きは天に委ねておけばよい。罪人を刑法にもとづき人為的に罰することは避けなければならない。

しかし、さすがにこれは非現実的であるようにこれまで受け取られてきた。たとえば、司馬遷は、『史記』（伯夷列伝）にて、「天道是か非か」（天道とは本当に正しいものなのだろうか）と疑問を吐露《とろ》している。

周の武王が殷を討とうとしたとき、伯夷《はくい》と叔斉《しゅくせい》は「臣下が主君を討つことはできない」と反対したものの、結局受け入れられず、殷は滅ぼされた。その後、かれらは「周の粟を食らわず」と首陽山に籠もってわらびだけを食べ、結局、餓死することになった。

顔回《がんかい》は、孔子の弟子のなかで学問、徳行ともに最優秀であり、孔子から仁者と呼ばれたのは顔回のみであった。しかし、その暮らしは貧しく、粗末な食事さえとれずに若くして亡くなった。一方、盗賊であった盗蹠《とうせき》は毎日罪のない人を殺し、暴虐のかぎりを尽くしたにもかかわらず天寿を全うした。これらの例をあげ、司馬遷は、

「天道是か非か困惑している」

と語る。

老子の思想を政治論としてより具体化した黄老思想でも、法や刑罰を強調し、「天網恢恢疎にして漏らさず」とはいっていない。それは法家思想と融合し、刑罰を厳格に適応すべきことを主張している。この点ではこの老子の教えの内容と黄老思想は明確に対立しているといえる。(5)

おそらく現実問題としては、黄老思想のように刑罰を適用しなければ政治を行うことは困難だったのだろう。現在でも、たとえば刑法をなくしてしまえば、治安が良くなると考える人はほとんどいない。その意味ではすべての裁きを天に任せるべきであるという老子の考え方は、現実的だとはいえないかもしれない。

しかし、なかにはルールをあえて破ることで成果を生み出すケースもある。この点に着目したのが、ポジティブデビアンスというアプローチだ[6]。

これは、組織のなかであまり目立っていないものの平均以上の業績を上げている「良い逸脱者」を識別し、その行動パターンを模倣することを目的とする。ある製薬企業でこのアプローチを適用し、良い逸脱者の行動パターンを調査したところ、かれらは社内で決められたルールをほとんど遵守していなかったことが判明した。たとえば、顧客に1日7回は電話で連絡をしなければならないという7回ルールがあった。しかし、逸脱者は、そのような時間があれば直接顧客のところに出向くことを好んでいた。

別の自動車部品メーカーでは、ある技術者が担当した製品開発期間が、組織全体の平均が数週間であったのに対し、数日と極端に短かった。その行動を調査したところ、休日に自宅のガレージで顧客の担当者とともに開発していることがわかった。これも社内ルールに違反した行動であった。

このように社内で設定したルールが必ずしも成果に直結するわけではなく、むしろ足かせになることのほうが多いのかもしれない。たとえば、7回ルールのもともとの意図は、それによって営業成績を高めることにあった。
しかし、実際にはそれはあまり成績には関係なく、その結果、逸脱者たちはそのルールを意図的に無視していたのである。

第九計で学ぶ老子の教え

- 老子が望ましいと説くのは、セルフマネジメント型経営。
- 細かい社内ルールは足かせになることのほうが多い。
- ルールをあえて破ることで成果を生み出すケースもある。

【注】

(1)黄老思想の文献は残されていないが、馬王堆帛書に記された四篇が「黄帝四経」に該当するとされている。それらは、澤田多喜男『黄帝四経　馬王堆漢墓帛書老子乙本巻前古佚書』知泉書館、2006年に記載されている。

(2)郡県制とは秦の時代の国家体制であり、これは現在でいう官僚制組織のことである。各地方の長官は中央から派遣された役人があてられる。それに対して封建制では、その土地に諸侯が封じられ、その地はその一族によって相続されていく。漢は功績のあった諸侯には土地を与え、封建制の体裁をとりつつ、直轄地では郡県制をとった。
(3)C・N・パーキンソン著、森永晴彦訳『パーキンソンの法則』至誠堂、1961年。
(4)小和田哲男『戦国武将の叡智』中公新書、2020年、89ページ。なお表現は少し変更している。
(5)ただし、黄老思想は法の淵源を道に求めており、いわゆる自然法思想を主張している点では法家思想とは異なっており、より老子に近い立場だといえる。
(6)リチャード・パスカル、ジェリー・スターニン、モニーク・スターニン著、原田勉訳『POSITIVE DEVIANCE(ポジティブデビアンス)』東洋経済新報社、2021年。

第十計

優れたリーダーは柔にとどまる！

――上柔・下剛

人《ひと》の生《う》まるるや柔弱《じゅうじゃく》【人之生也柔弱】

強大なものは下位にあり、柔弱なものは上位にある。

ルールよりも常識を重視する

1980年、21歳になったリカルド・セムラーがブラジル、サンパウロにある父親が創業したセムコを引き継いだとき、かれの前途は暗澹《あんたん》たるものであった。当時、従業員は100人程度であり、造船用油圧ポンプを主に生産していたが、同社はすでに瀕死の状態にあった。資金繰りのため銀行を渡り歩き、大企業の下請けを模索したがうまくいかなかった。

セムラーは、それまでの独裁的な経営スタイルを見直し、根本的に変革することを決意した。それは極端なまでに追求した従業員参画型経営であり、階層や構造、ルールの否定であった。その本質はセルフマネジメントの徹底にあった。

セムラーが設定した基本方針は、民主主義、プロフィットシェアリング（従業員間での利益分配）、情報公開であった。この方針にもとづき、かれは次のような施策を実施した。

ルール1　ピラミッドからサークルへの移行

ルール2　多数決による意思決定

ルール3　労働時間と勤務場所の自由

ルール4　給与の自己決定
ルール5　チームでの合意形成
ルール6　ジョブ・ローテーション
ルール7　情報公開

セムラーの組織階層は、本社、事業部、現場の3つのレベルのサークルに簡素化され、各サークルのリーダーは、カウンセラー（経営陣）、パートナー（事業部責任者）、コーディネーター（現場責任者）と呼ばれる。コーディネーターは現場サークルを構成するチーム内で決められ、その部下となるアソシエート（一般社員）にはレポートラインはない。サークルという言葉から示唆されるように、サークル内での上下関係はない。

アソシエートは自ら自信をもってできる決定は全部自分で行う。何か不安があれば職場担当のコーディネーターに相談する。コーディネーターも同様に自分でできる決定はすべて自分で行い、それ以外の案件は毎週のチームの会合で職場担当のパートナーに相談する。

企業の戦略会議にはすべての従業員が参加でき、重要な経営判断はかれらの多数決で決定される。また、従業員は自分の労働時間や勤務地を自由に選択することができる。しかも、従業員が自らの給与を決定することが可能であり、その場合、チームの同僚によりレビューされ承認される。チーム全体の労働条件や勤務体系、プロフィットシェアリング、プロジェクトの役割分担など、チームの運営に直接影響を及ぼす事項もチーム内で議論し決定される。

同社は従業員が異なる職種や部門で働くことを奨励し、多様な経験とスキルの獲得を支援する。経営陣もCEOをローテーションで担当する。すべての情報は従業員に公開される。そこには経営陣の報酬額も含まれる。

このような改革の結果、従業員のモチベーションや生産性は飛躍的に向上することになった。これは、「セムラーイズム」と呼ばれる非階層的組織であり、ホラクラシーと類似しているところもあるが、顕著な違いもある。ホラクラシーの場合、役割を中心とした構造化された運用ルールが決められていた。しかし、セムラーイズムの場合、そのようなルールはきわめて少ない。同社では、ルールよりも常識が重視される。

おそらくこのような非階層的組織が本当に機能するか疑問に思われるかもしれない。たとえば、給与や勤務時間は自己決定できることを逆手にとって、1日わずかな時間しか働かず、しかも高い給与をとっていた従業員がいたとしよう。かれにはどのようなことが起こるのだろうか。

まずそのような問題社員の給与は同僚から承認されない。というのもプロフィットシェアリングからの手取りが、問題社員によって少なくなるからだ。実際には、従業員が自らの報酬を決定する際、次の点が考慮されることを同社は期待している。(1)

①他社に行けばどのくらいのサラリーがとれるか
②セムコで同じような責任と技術をもった者はどのくらいのサラリーをとっているか
③類似の経験をもった友人はどのくらいのサラリーをとっているか
④生活費にどのくらいかかるか

このなかで①と②は同社がデータを提供する。③と④については従業員本人が決定し、報酬額を決めることになる。[2] では、業績不振の従業員には何が起こるだろうか。この場合、次のようなプロセスを経ることになる。

①問題の特定とフィードバック
②改善の機会とサポート
③評価と最終決定

もっとも、同社に関する公開情報をもとに判断すると、まじめに努力している従業員の場合は、たとえ成果が伴わなくても、かれを受け入れる職場があるかぎり、解雇までには至らないものと予測される。ただし、報酬は高くはならない。

ここで重要なのは、セルフマネジメントで普段の業務や意思決定は各人に委ねているものの、そのプロセスや結果はガラス張りにして共有されているという点だ（ルール7）。同社の財務諸表は月次ベースで公表され、サークルやチーム、個人の成績が全社的に明らかにされる。だからこそ、業績不振者がいたとすれば、即座に割り出されることになる。

コーディネーターやパートナーなどの管理職は、採用や昇進に関しては、当人の部下となって働く従業員全体が候補者の面接を行い、承認を与えることが必要条件になっている。そのうえ、半期ごとに自分の部下による業績評価を受け、その結果が公表される。部下による評価をパスするためには最低70点が必要であり、それに届かない場合、すぐに解雇にはならないものの、強烈なプレッシャーを受け、自己改革が求められる。改善が見られない場合は、降格かまたは解雇になる。[(3)]

リカルド・セムラーの下で実施されたこの組織改革により、セムコは事業領域が拡大し、現在では不動産、環境コンサルティング、冷凍技術など多岐にわたる分野で事業を展開するに到っている。

同社の経営スタイルは、ホラクラシー以上にセルフマネジメント型経営が進んでいる例といえるだろう。しかし、そうはいっても何も規則やルールが全くないわけではない。かれが行ったルール1～7の改革は、まさにルールそのものである。ザッポスのホラクラシーも同様であり、そこでは、組織メンバー一人ひとりのセルフマネジメントが組織として機能するためには、役割が重要になる。

これをより一般化すれば、次のように表現できる。

「セルフマネジメントを組織として機能させるには形が必要である」

老子的に表現すれば、「悶悶《もんもん》たる政治」にも形が求められる。では、その形とはどのようなものなのだろうか。老子からは、この形に該当するものとして、

① 上柔・下剛の構造
② 大制不割

の2つの組織の「形」を識別することができる。

上柔・下剛――臨機応変に対応する組織

まず、①の上柔・下剛の構造について見ていくことにしよう。それは次の老子の言葉に

表現されている。

人《ひと》の生《う》まるるや柔弱《じゅうじゃく》【人之生也柔弱】

強大なものは下位にあり、柔弱なものは上位にある。

上に立つ者は柔弱でなければならず、強大な者はそれを支える。その逆であってはならない。これはどういうことを意味するのだろうか。

まず、柔弱について復習しておこう。第二計で解説したように、柔弱とは「無形の形」を意味する。それは水のようなものであり、水が器のなかにあり、その器の形をとっていたとしても、それは一時的なものにすぎない。別の器に移されると、新たな器の形をとる。水に固有の形はない。だからこそ状況に応じて臨機応変の形をとることができる。もし氷であったなら、固有の形があるため、無形の形を実現することはできない。

したがって、柔軟であるが故に、勢いに応じて臨機応変の対応ができ、また自ら勢いをつくり出していくこともできる。それが剛強であれば、すでに決められたことにしか対応できない。

しかし、そのうえで注意が必要なのは、上位を支える下位の者は剛強でなければならないという点だ。組織で上下ともに柔弱であれば、勢いを生み出し、勢いに順応することは難しくなるのかもしれない。

たとえば、戦場の兵士が真っ先に敵から逃げるようでは戦いに勝つことはできない。上からの命令を徹底的に遂行する剛強さが求められる。そのうえで、上官は臨機応変の指示を出し、効果を上げることができる。

一般にマネジメントの仕事は例外処理にある。下位で対処できない問題に対し、柔軟に問題解決をはかることが求められる。現場で実行する際には剛強に、しかし、例外事項には上位が柔軟に対応するという垂直的な分業が望ましいだろう。

しかし、この上柔・下剛というのは、組織を概観したときの一般論であり、相対的に上下を比較した場合は、上が柔、下が剛というだけであり、下は柔弱であってはならないということではない。むしろ、老子の主張では、現場でさえ、柔弱さを持ち合わせていなければならない。第七計ですでに指摘したように、柔弱を守ることがまさに剛強になるからだ（老子「天下有始」）。

たとえば、日本企業の生産現場力は、異常事態への対処が迅速である点に求められる。[4]現場の作業者や職長レベルで異常事態の解決がはかられることで生産性向上に寄与している。あるいは、ＱＣサークルなどの改善活動も現場主導で実施されるものであり、このような現場力は、柔があるからこそ可能であると考えられる。その一方で、日々の生産活動ではマニュアルにしたがった効率的な作業を遂行する。つまり、柔と剛を兼ね備えているのが日本企業の現場力であるといえるだろう。

このような柔軟な分業体制に該当するのが、「大制不割」である。

其《そ》の雄《ゆう》を知《し》りて、其《そ》の雌《し》を守《まも》る【知其雄守其雌】

雄を知り雌を守れば、民心が集まる天下の谷川となる。……天下の谷となれば、常の道が完全にその身に備わり、「樸《ぼく》」（荒木）に復帰することができる。樸は「樸散」（切り刻まれ分散）すると「器」となる。聖人はこれを用いて、則ち官の長となす（それぞれの所を得させる）。それ故に「大制不割」（聖人は樸のままであり切り刻んだりはしない）である。


「天下の谷」とは、老子においては道の比喩であり、あらゆる谷川が流れつく先、下流になる。それが無の場所であり、リーダーはこの下流に立つことが求められる。そのうえで必要なのが「大制不割」になる。

大制とは、この教えでは「樸」と表現されている。樸は伐ったばかりの荒木のことであり、まだ器にはなっていない状態を指し、この樸の状態を維持することが大制不割に該当する。樸の対義語が器であり、樸を切り刻むことで特定の用をなす器になる。

静かなるプロセスは、道↓徳↓形↓勢という流れで道は展開していく。樸とはこのなかで徳または形に該当し、いずれの場合でも勢（器）に移行する前の段階になる[5]。

老子は、この樸にとどまることが大切だと説く。そして、これを切り刻んで器にしていくことを「樸散」と呼び、

「樸散はリーダーのあり方としてはふさわしくない」

としている。

「樸散」すれば、特定に用を果たす一官一芸の人間となる。これは、いわばスペシャリストのことを指す。中国思想では、論語にも「君子は器ならず」という格言があるように、上に立つ者はスペシャリストであってはならず、ジェネラリストでなければならないという考え方が存在する。つまり、リーダーの及ぼす勢いは限定的ではなく、より広範囲なものでなくてはならないということだ。

老子もまた同様であり、樸の立場にあるからこそ、あらゆる状況に臨機応変の対応が可能になる。スペシャリストであれば、担当範囲内ならそれが可能だろう。しかし、担当外のことには対処できなくなる。木で茶椀をつくってしまえば、あとからそれを机に変えることはできない。状況に対応できなければ、リーダーとしては失格だろう。

「樸散すると器となる。聖人はこれを用いて、則ち官の長となす」

この文のなかで「これを用いて」の「これ」が何を意味するのかで解釈は異なってくる。通説では、「これ」は器を指す。老子研究の権威である中国人学者、馬叙倫氏は、この箇所を、

・樸散によって人々が一官一芸の人間になる
・聖人は樸散によって制度を立てて君主となる

と解釈している[(6)]。木がいつまでも樸のままであれば、そこから器をつくることはできず、器の機能を享受することはできない。したがって、聖人のみが樸にとどまり、部下を分業によって特定の用を果たすように組織化する。これは上柔・下剛の構造とも一致する。

それ以外に、「これ」は樸を指すものとし、

・君主は樸であり樸散ではない
・その下の民もまた樸であり樸散ではない

と解釈することもできる。この解釈では、大制不割とは、組織のあらゆる階層で樸散ではなく、樸のままであり続けることを意味する。

大制不割――一人が複数の役割を担う

しかし、ここで疑問が生じる。道は最終的には器（顕在的勢い）に展開していく。その前の段階である徳や形にとどまることで、果たして国家や組織は機能するものだろうか。これは上柔・下剛の構造に矛盾しないだろうか。下もまた樸であれば、それは上柔・下柔にはならないのではないか。

ここで重要なのが、「雄を知り雌を守る」という文だ。

雌は柔、雄は剛の比喩になる。雌を守るとは、柔弱であり臨機応変の対応ができる能力を指す。雄を知るとは、そのような能力を保ちつつ、与えられた仕事は徹底して完遂する能力も同時にもつことを意味する。つまり、臨機応変の対応ができ、必要に応じて特定の役割に特化して業務を遂行することができるということだ。

昔、ある焼肉チェーン店の経営者の方から、同社の「スーパー店長」の話を聞いたことがある。そのスーパー店長は、普段はスーパーバイザーとして全店舗を統括している。いわば特定の店舗マネジメントには関与していない。しかし、業績不振店があると、そこに店長として出向き、短期間で業績を回復させることができるという。

このようなスーパー店長こそが、「雄を知り雌を守る」ことを実践しているといえる。

樸（スーパーバイザー）という状態に甘んじていながらも、特定の器の機能（店長）も必要に応じて実現できること、これが本当の意味での樸になる。つまり、

「樸であるとしても、時と状況に応じて器となり、特定の機能を果たす」

ことが真の樸の条件になる。もちろん、実際の木の場合はこのような可塑性はなく、一度切り刻まれれば樸に戻ることはできない。しかし、人の場合、樸から器、器から樸という往復運動が可能になる。第四計でも指摘したように、一方の選択肢を選択する目的は他方の強みを生かすことにあり、後者を捨てているわけではない。両者を生かすために、あえて一方を選択する。しかし、時と場合に応じて、捨てた選択肢を再び採用する。

したがって、樸には2つの意味がある。1つは「樸と器の両極端の一方」としての樸であり、もう1つが「樸と器の往復運動」自体の意味になる。後者はメタレベルの樸と呼ぶこともできるだろう。

おそらく、大きな組織のリーダーであれば、樸のままであり、器になる機会はほとんどないだろう。これは先に議論した柔に等しい。しかし、実行に当たる現場では、剛でなければ仕事にならない一方で、臨機応変の対応も求められる。それには伸縮的な分業が求められる。この伸縮的分業とは、

「一人の従業員が複数の役割を担う」

状況を意味する。生産現場では、作業者は、複数の持ち場を担当し、その担当もローテ

ーションで変わっていく。その生産活動の一方で、ＱＣサークルなどの改善業務にも関与する。あるいは、オフィスワーカーの場合、複数のプロジェクトに参加し、あるプロジェクトではリーダーとなり、別のプロジェクトでは補佐的な役割を担う。

このような複数の役割を状況に応じて担っていくことが「柔＝樸」（メタレベルの樸）であり、役割のなかで業務を完遂するのが「剛＝器」になる。この一人複数役をこなしていくことが、「樸と器の往復運動」にほかならない。

このような伸縮的分業は、セルフマネジメントの必然的な結果でもある。たとえば、セムコでは好きなときに出勤し、好きなときに帰宅することができるフレックスタイムが敷かれている（ルール3）。この制度を利用して、工場のある作業者が、午前7時からの作業開始を希望した。しかし、フォークリフトのオペレーターは午前8時出社であり、その間、必要な部材が手元に届かず、仕事をすることができなかった。

そこでかれのチーム内で話し合いが行われ、結論は、メンバー全員がフォークリフトの操作の仕方を覚えるということだった[(7)]。もちろん、労働組合はそれに反対しなかった。というのも、この結論はかれら自身で下したものだったからだ。

この場合、フォークリフト担当者に午前7時に出社するように命令することはできない。それはフレックスタイムの原則に反する。にもかかわらず業務を滞りなく遂行するには、一人が複数の役割を担わなければならない。

したがって、老子のいう大制不割とは、

①上は樸にとどまり、下は器になる固定的分業体制

②上は樸にとどまり、下は樸・器間の往復運動を行う伸縮的分業

という2つの解釈が可能になる。しかし、セルフマネジメント型経営という観点から、②の解釈を採用することにしたい。そうでなければセルフマネジメントは組織として機能しないからだ。これは上柔・下剛の具体的な運用形態を意味する。

優れたリーダーはルーティンを進化させる

ジャーナリストであり評論家としても活躍した長谷川如是閑氏によると、古代中国は、多くの自立した村落共同体と城壁に囲まれた都市から構成されており、国家のリーダーや役人は城塞都市に居住していたという[8]。

村落共同体を水だとすれば、国家とはその上に浮く油のようなものであり、村落共同体では国家がだれの手によって運営されていようと関係なく、自律的に日々の生活が営まれていた。国家は税や労役などで村落共同体から収奪する位置づけであり、かれらにとっては国家の介入は少なければ少ないほうが望ましかった。

論語や老子道徳経が成立したのは、周という統一国家が分裂し、乱れた春秋・戦国の時代である。孔子や老子は乱れた国家の再統一を目指していた点では共通するものの、その方法論が対照的なものであった。孔子は道徳国家によって国を統一することを考えたのに対し、老子は、

「村落共同体の緩やかなネットワーク組織としての国家」

を構想した。換言すると、「城塞都市におけるステーツ」を重視する孔子に対し、「村落共同体のコミュニティ」を老子は尊重したのである。

この解釈にしたがうと、国家として現場（村落共同体）に介入せず、現場の自助努力に一任することが老子の理想とする国家のあり方になる。孔子が主張する礼楽を都市で行い、それによって民を統治することは人為に他ならず、いかに城塞都市内で儀式を厳かに遂行したとしても、それは村落共同体の生産活動にとっては何ら益にはならない。むしろ、そのような儀典のために税が高く課されることで村落共同体の生活は苦しくなり、それはマイナスでしかない(9)。

長谷川氏によると、老子が政治における無為を説くのはこのようなことを想定していたという。

これまでの議論から、セルフマネジメント型経営には、形が必要であり、その形とは、上柔・下剛、大制不割であることが明らかになった。老子の場合、それ以上のルールを必要としていない。たとえば、罪人のような害悪を及ぼす者がいたとしても、自然の勢いで罪人は罰せられるため、その処罰は人為ではなく天に任せておけばよいことになる。これはこのような村落共同体の生産活動が背景にあったからだと思われる。

つまり、村落共同体での農作業には、一部、共同作業もあったかもしれないが、少なくとも高度な分業は発生しなかった。したがって、複雑な分業を伴わない農業という単純作業に対し、ルールや規則を上から課す必要はなかったのである。

しかし、企業活動にはタイトな分業が必要になる。各個人の業務は有機的につながっており、その調整がなければ機能しない。したがって、ここでは何らかのルールが必要とされる。それは、上柔・下剛の構造やそれを具体化した大制不割の構造という枠組みのなかで課されるルールになる。

前者の枠組みは、プラットフォームであり、後者のルールは、プラットフォームの運用ルールや業務ルールを意味する。したがって、セルフマネジメント型経営を可能にする「形」とは、

①プラットフォーム（余白の効力を生み出す）

②ルーティン（柔弱の効力を生み出す）

に整理することができるだろう。

第一計で指摘したように、プラットフォームの目的は、余白の効力を生み出すことである。邪魔をしないことで、余白をつくり出し、勢いを生み出す。

一方、そのプラットフォームで臨機応変の対応、柔弱の効力を発揮するための形として、ルーティンが必要になる。ルーティンには、勢いを強化する自生的ルーティンと、勢いを阻害する人為的ルーティンがある。

たとえば、ザッポスやセムコの場合、階層を否定しているように思われるかもしれない。確かに職位を可能なかぎり廃止し、分権化しているのは事実であり、それは従来の階層がフラット化しているととらえることもできる。これは権限、すなわち「指示フロー」の否定になる。

しかしその一方で、「指示フロー」の否定から、新たな階層が生まれていることに注意しなければならない。その階層とは、「業務フローの階層」だ。つまり、ホラクラシーやセムコの組織形態は、

「指示フローから業務フローへの転換」

を意味する。「業務フロー」の階層組織では、業務遂行が中心となる。業務遂行には当

然ながらルール、規則がなければ効率的なものにはならない。

本書では、「業務フローを効率化するためのルールをルーティンと呼ぶ」ことにする。たとえば、セムコの場合は、上記の7つのルールがあった。これはこの組織を効率化するためのルーティンになる。ホラクラシーでも代表的なものを取り上げれば、①サークルごとのガバナンスミーティング、②統合的意思決定プロセス、③役割の割り当て、④透明性の原則、⑤タクティカルミーティング、がルーティンに該当する。(10)

これらは業務フローを円滑化、効率化するために必要なものであり、交通事故をなくす交通ルールに該当する。このようなルーティンは大制不割のプラットフォームを運用するには必要不可欠である。

ただし、これらはプラットフォームの運用ルールであり、通常、トップダウンで決定される。しかし、現場ではさらに細かな業務ルールが必要とされ、それらが業務の効率化に結びつくものであれば機能するルーティンとなる。ザッポスやセムコでは、この業務ルールは、現場の話し合いで決められ、トップダウンではない点にその特徴がある。

問題は、これらのルーティンの一部が逆機能となり、組織の勢いを削ぐ結果になっている場合である。これを「人為的ルーティン」と呼ぶことにしよう。しかし、老子の言葉を借りれば、すでに言及したように、

「何が福で何が禍かが事前にはわからない」

つまり、ルーティンを事前に評価することは難しく、まずは実施してその結果を見て判断するしかない。それが機能していれば残し、そうでないならば廃止するという取捨選択が求められる。その結果残ったものが機能するルーティンになる。

このようなルーティンは、経済学者、フリードリヒ・ハイエクが主張する自生的秩序に該当するだろう。[11] というのは、それは試行錯誤の結果、事後的に生成されていくからだ。そこで、機能しているルーティンを人為的ルーティンと区別して、「自生的ルーティン」と呼ぶことにする。

当然ながら、ルーティンの効果は固定的なものではない。組織によっては自生的ルーティンの一部が人為的ルーティンへと変質し、形骸化する可能性も否定できない。だからこそ、機能するルーティンは自生的に進化しなければならない。つまり、

「優れたリーダーはルーティンを押し付けるのではなく進化させる」

第十計で学ぶ老子の教え

●セルフマネジメントの徹底でモチベーションや生産性が向上する。
●セルフマネジメント型経営に必要な形は、上柔・下剛、大制不割である。
●柔と剛の往復運動、すなわち、複数の業務を柔軟にこなすことが求められる。
●優れたリーダーはルーティンを押し付けるのではなく進化させる。

【注】
(1)リカルド・セムラー著、岡本豊訳『セムラーイズム』新潮社、1994年、209ページ。
(2)ただし、全員が報酬を自己決定しているわけではなく、第1回目の試みでは全従業員の5％が参加し、その後、25％になったという。セムラー前掲書、212ページ。
(3)セムラー前掲書、180ページ。
(4)小池和男『仕事の経済学』東洋経済新報社、2005年。
(5)もちろん、より望ましいのは潜在的勢いである徳の段階にとどまることであろう。というのも、形よりも臨機応変の対応が可能になるからである。ただし、老子が樸という言葉を使う場合、道に対する比喩的表現であることが多い。

(6)馬叙倫『老子校詁』古籍出版社、1995年。
(7)Ricardo Semler, "Managing without managers", *Harvard Business Review*, 1989, pp.76–84.
(8)長谷川如是閑『長谷川如是閑評論集』岩波文庫、1989年。長谷川如是閑『老子』大東出版社、1935年。
(9)もちろん、孔子は贅沢な礼を推奨しているわけではなく、「礼は其の奢らんよりは寧ろ倹せよ」（論語八佾）と倹約するように戒めている。しかし、礼の実行には出費がかさむ事実は変わらない。
(10)ガバナンスミーティングでは、サークル内での役割の明確化、責任の割り当て、ポリシーの設定などが行われる。統合的意思決定では、サークルメンバー全員の合意によって決定されることが規定されている。また、役割は個人のスキルや関心に応じて割り当てられ、定期的なガバナンスミーティングで見直される。透明性の原則では、会議の議事録、決定事項、役割と責任の記録などは、組織内の全メンバーがアクセスできるように公開される。タクティカルミーティングは、サークル内での業務を効率的に進めるために定期的に開催されるものであり、進行中のプロジェクトの進捗状況を報告し、次のアクションを決定する。これは、ガバナンスミーティングよりも頻繁に開催される。
(11)ハイエクは、市場、言語、コモンローなどを自生的秩序とみなし、それは計画された制度、たとえば、計画経済、制定法などよりも優れていることを主張している。たとえば、ハイエク著、矢島鈞次・水吉俊彦訳『ハイエク全集8　法と立法と自由1　ルールと秩序』春秋社、1987年を参照。

第十一計

下流から人を動かす!

——人心掌握の極意

善《よ》く士《し》たる者《もの》は【善爲士者】

善き武士は威張らない。善く戦う者は怒らない。善き勝利者は敵対しない。善く人を使う者は、相手の下に立つ。

馬に水を飲ませたいなら喉を渇かせればよい

次に、セルフマネジメント型経営のプラットフォーム、ルーティンという形が与えられたうえで、さらに人心掌握していくためのヒントを老子から読み取ることにしたい。そのポイントを一言で表現すれば、

「リーダーは下流から人を動かす」

ということになるだろう。

セムコの場合、重要な意思決定は経営陣のみで決定するのではなく、あらゆる従業員が経営会議に出席することができ、多数決が取られる。経営陣の一存で決定されることはない。たとえば同社が工場の新設を決定したとき、不動産業者は適切な土地を見つけることができなかった。そこで工場の従業員に土地を探すように依頼し、かれらは3つの候補地を見つけてきた。そのなかの1つは、向かい側に頻繁なストライキで有名な工場があり、セムラーはこのような場所は避けたいと考えていた。

しかし、従業員の多数決により、その土地に決定された。あるいはセムラーがある企業を買収しようと考え、従業員の多数決を取ったところ、否決されたという。しかし、この決定は不本意であり、かれはその後もその企業は買収すべきだったと考えていた。にもか

かわらず、かれは従業員の多数決の結果にしたがったのである[1]。
このように重要な経営上の意思決定も含め、従業員に門戸を開放し、かれらの多数決にしたがうのはかなりユニークであり、そのようなことを実施している企業は、大企業ではセムコ以外はあまりないのではないだろうか。しかし、ここまで徹底して従業員の意向にしたがうマネジメントは、老子によっても支持されている。

江海《こうかい》の能《よ》く百谷《ひゃっこく》の王《おう》たる【江海所以能爲百谷王者】

大河や海が百谷（幾百の谷川）の王となるのは、谷川より一段と下ってその下流にいるからである。だからこそ百谷の王たり得る。そのため、民の上に立とうとするなら、必ず言葉で民にへりくだらねばならない。民の先頭に立とうとするなら、必ず自分の身を民の後にしなければならない。その結果、聖人は民の上にいながら民はこれを重たがらず、前にいながら民はこれを害としない。だからこそ、天下の人々が、喜んで聖人を推薦し厭うことがない。聖人は何ものとも争わない。だから天下の何ものもこれと争うことができないのである。

すでに何度も指摘しているように、道とはすべてが帰着する下流であり、それは谷や大海に該当する。そこから次の逆説が成立する。

「下流に甘んずることで、むしろ人の上に立つことができる」

下流に立つということは、組織の例にあてはめれば、サーバントリーダーシップ（奉仕型リーダーシップ）に該当する。[2]

サーバントリーダーシップとは、通常の組織構造がピラミッド型だとすれば、それを逆さまにしたものであり、トップは上位に君臨するのではなく、下位に甘んじる。逆に現場の従業員が上位に位置し、かれらを支えるのがトップの役割となる。現場に指示・命令を出すのではなく、現場をサポートする役に徹する。いわば芸能事務所のマネジャーの役割に近いといえるだろう。

なぜこのような逆さまのピラミッドが要求されるのだろうか。それは、通常の組織で最下層に位置づけられる現場こそが価値の源泉であり、そこの成否によって組織の業績が大きく影響されることになるからだ。

たとえば、タレントの場合、その現場でのパフォーマンスが価値の源泉になる。そのため、マネジャーはそのパフォーマンスを最大限引き出せるように、タレントを全力で支援する。決して、マネジャーはタレントを使い捨ての駒のように動かそうとはしない。

このサーバントリーダーシップでは、自らのポジションよりも下の立場、過少な立場に甘んじることで大きな効力を生み出す。トップがへりくだり、サーバントリーダーシップを発揮するからこそ、組織は活性化する。第二計で述べたように、地位に伴う勢位よりも下に甘んじることで、その格差が勢いを生み出すことになる。

もちろん、サーバントリーダーシップでは部下にへりくだることが求められているわけではない。重要なのは、現場判断を尊重し、それをサポートする役割になる。余計な指示・命令を控え、権限そのものも相手に手渡す。それによって現場での意思決定を促す触媒役に徹する。これもまた戦略的手抜きであり、それによって組織の勢いを高めることができるのである。

セムコがセルフマネジメントを推進するのも、従業員が自らの判断で決定することでかれらのモチベーションを高め、生産性も高まると考えているからにほかならない。簡単にいえば、従業員を「大人」として扱うのである。

善《よ》く士《し》たる者《もの》は【善爲士者】

善き武士は威張らない。善く戦う者は怒らない。善き勝利者は敵対しない。善く人を使う者は、相手の下に立つ。これを「不争の徳」という。これを「人の力を用いる」という。これを「配天」(天に配す)ともいう。これが古の精神の極致である。

下流に立つ優れたリーダーは、威張らず怒ることもない。威張ったり怒ることにより部下は萎縮し、その勢いを十分に活用することはできなくなる。優れたリーダーは、部下や競争相手と敵対しない。敵対すれば相手の負の勢いが自らに降りかかってくる。可能なかぎり敵対しないように仕向け、兵法でいえば、戦わずして勝つことを目指す。

もちろん、競争を放棄しているわけではない。競争はするものの、相手とは違った次元で競争し、直接敵対しないように注意を払っている。

そして、競争相手や部下の下に立つ。英国の諺で「馬を水辺に連れていくことはできるが、水を飲ませることはできない」というものがある。強制的に水辺で馬に水を飲ませようとしても、それはできない。馬に水を飲ませたいなら喉を渇かせればよい。同様に、部下の勢いをうまく活用しようとするなら上から命令で指示するのでなく、そうなるように仕向ければよい。

そのためには部下の上に立つのではなく、その下に立つ必要がある。これがサーバントリーダーシップに該当する。つまり、部下の仕事を支援する役割に徹する。それにより、部下の勢いを加速化していくことが可能になる。

この風下に立つことこそが「配天」、すなわち自然の働きと一体化することであり、古の精神の極致になる。それは、すべての有は最終的に無へと到るという老子の復帰思想にもとづいている。

勢いがなくなれば、やがて振り子は底で停止する。勢いがない状態はすべてのものが嫌がるところであり、貴賤、貧富があれば、賤、貧が嫌われる。これらは貴や富を支える勢いがなくなった結果、行きつく先となる。しかし、老子の老獪《ろうかい》なところは、この皆が嫌がる無こそが創造の場であり、しかもリーダーシップの場合は常にそこに潜在的勢いがあるという点にある。

第二計で指摘したように、リーダーは勢位という顕在的勢いをもちながら部下の下に立つ。下流、風下、賤、貧の立場に甘んじるといっても、その背後には勢位という顕在的勢いを伴っている。だからこそ、下流においても勢位との格差という勢いを常に生み出すことができる。それは、勢位とリーダーがへりくだる実際の位置とのギャップに比例して生まれるものであるからだ。

しかし、この謙譲の原理は必ずしも明確に理解されていない。「北風と太陽」の童話にもあるように、上からの押し付けでは部下の自律性は得られない。「風下に立つ」ことこそが相手の勢いを増し、結果として所期の成果を達成することにつながる。想像するに、プライドやいままでの習慣が邪魔をし、「風下に立つ」ことを潔しとしないケースが多いのではないだろうか。というのも、出世するにしたがって、傲慢になっていく人が少なくないからだ。

組織論に「ピーターの法則」と呼ばれるものがある。それは、人は出世するにしたがって無能化していくということであり、その結果、上位のポジションは、そこで要求される能力をもたない人によって担当されることになり、組織は衰退していくことになる。これを回避するには、風下に立つマネジメントの実践が必要なのかもしれない。

「小魚を煮る」ように治める

老子は、大国を統治する方法について、その要諦は「小魚を煮る」ように治めることにあると説いている。小魚を煮るとき、箸で頻繁にかき混ぜてはいけない。そうすれば小魚の形が崩れてしまう。基本的にはそのままにしておくのが鉄則だ。

それと同様に、大国を治めるときも細かなことには不介入でなければならない。これは、セルフマネジメントを提唱しているものと解釈できる。

大国《たいこく》を治《おさ》むるは【治大國】

大国を治めるには、小魚を煮るのと同じようにしなければならない。道によって天下にのぞむならば、地が天の領域を侵すことはない。そればかりか天が人の領域を侵すこともない。聖人もまた民の領域を侵さない。天地と聖人はそれぞれの領域を侵さないため、天地や聖人の徳は相交わりつつもそれぞれに帰するのである。

単にリーダーが不作為であるばかりでなく、民もまたリーダーの領域に対しては不作為でなければならない。つまりは、お互いに領空侵犯してはいけない。これは上下関係のみならず、横との関係についても同様だろう。

ただし、不作為といってもそれは他の領域に干渉しないという意味であり、自らが担当する業務については不作為ということはあり得ない。中国古代の皇帝のように何も指示せず座っているだけだとしても、それが王の業務であり不作為ではない。

そのうえで小魚を煮るマネジメントのポイントとして指摘したいのが、勢いの重要性だ。放っておいても小魚が煮上がるのは、すでに火の勢いがあるからにほかならない。火が消えそうなときには、火を強めるように働きかけなければならない。「小魚を煮る」ことの重要な前提条件は、火の勢いがあることだ。もし、その勢いが消えそうになるのであれば、再び勢いを取り戻すための作為が必要になる。

中国哲学史家、フランソワ・ジュリアンは、中国思想に見られる小魚を煮るかかわり方は、西洋思想に顕著な目的・手段関係ではなく、条件・結果モデルであると主張している。[(3)] 目的・手段モデルであれば、リーダーやマネジメントは、適切な原因を設定しなければならず、それは現場への介入を伴うことになる。[(4)] しかし、条件・結果モデルであれば、かれらができるのは、

「条件を設定することのみであり、あとは自生的に物事が進展していくのを見守るだけ」

となる。つまりは、第一計で指摘した「道法自然」である。

したがって、小魚を煮るマネジメントでは、火を起こし、鍋に小魚やその他の具材、水、出汁などを入れるところまでは介入しなければならない。これが条件設定であり、この条件が整えば、あとは鍋の蓋を閉じて煮上がるのを見守るだけになる。

西洋の諺にも「見つめる鍋は煮えない」というものがある。これは、鍋の蓋を何度も開けているとなかなか煮え立たないことを意味する。このように一度条件を設定すれば、その後は不介入というのが条件・結果モデルになる。

そのためセルフマネジメント型経営では、すべてが権限委譲されるわけではない。条件設定はマネジメントの役割になる。条件設定は事が起こる前に勢いを生み出すことであり、これは形に勾配を作り、そこから球を転がすことを意味する。一度球が転がり始めれば、あとは不介入を貫き、領空侵犯しないように注意しなければならない。

ただし、鍋の火の勢いが弱くなることもあるため、勢いについては監視し、場合によってはそれを強化することも必要になる。組織マネジメントでそれに該当するのが、結果に対するコントロールだ。これはプロセスに対するコントロールではない。それはマイクロマネジメントにつながり、現場への領空侵犯となる。

そうではなく、

「結果のモニタリングおよびそれに対するフィードバック」

を意味する。フィードバックといっても、業務内容にかかわる指示ではなく、条件設定に関する部分になる。たとえば、モチベーションが下がっている場合は、それを高めるためにミッションの意義を説得したり、何らかのインセンティブを導入することが考えられる。あるいはリソース不足で勢いが弱まっているのであれば、火に薪をくべるがごとく、新たに追加支援することが必要になる。

このような結果に対するコントロールがなく、ただ鍋に蓋をして待つだけでは、場合によっては火自体が消えてしまい、小魚が煮終わらなくなるかもしれない。このようなことを回避するためには、結果に対する適切なコントロールを実施し、火の勢いが弱まらないように警戒することが求められる。

それに加えて、小魚を煮るマネジメントでは、リーダーは現場の領空を侵犯しないように自重しなければならない。

「天地や聖人の徳は相交わりつつもそれぞれに帰するのである」とは、上下ともにやるべきことをやり、互いに領空侵犯しなければ、勢いを維持することができることを意味している。条件・結果モデルでは、それが可能になる。

セムコの場合、セルフマネジメントを徹底し、領空侵犯しない一方、あらゆる情報は共有化され、月次単位で各事業部の業績データが共有される。

それによって実績と目標との乖離が明らかとなり、目標を大幅に下回っているサークルは検討の対象となる。しかし、そうでないかぎり、いつ出社して、いつ帰宅しても自由であり、服装や就業規則もない。出張費にもどれだけ使おうが自由である（ただし、その情報は公開される）。

小国寡民——理想的な組織マネジメント

老子は、理想的な村落共同体のあり方について述べている。これは組織マネジメントとして解釈することも可能だろう。

小国寡民《しょうこくかみん》【小國寡民】

小さく民もわずかな国で、十人組の長、百人組の長という隣組の長を置き、文明の利器があってもそれを用いるようなことはない。民に死ということを重大に考えさせて、遠くへ移住させるようなこともない。舟や車があっても、わざわざこれに乗らねばならないようなことがなく、鎧や兵器があってもこれを使わなければならないようなこともない。「結縄《けつじょう》の古」（民が縄を文字代わりにした太古）に立ち返り、食べているものをうまいと思い、その服を美しいと感じ、住む家に満足し、その社会の慣習を楽しむ。隣の国がつい近くに見えていて、その鶏や犬の鳴き声が聞こえてくるような状況であっても、民たちは老いて死

ぬまで、自分たちの生活に満足して往来することもない。

「小国寡民」は老子の思想を代表するキーワードの1つになっている。小国とは、小さな郷村の緩やかな連合体から構成される国家であり、ここではその郷村での暮らしについて描かれている。

民は郷村で生活することで満足しているため、ことさら政治による介入は不要であり、移動のための手段もいらない。足るを知る自給自足の生活には、車、兵器、文字などの文明の利器は不要だ。民は村を離れて遠くに行くこともない。

現在でも、インドやネパールなどの農村地域では、実際にこのようなイメージに近い自給自足の生活を送っている人たちがいる。文明の利器を全く受け付けていないわけではないが、ほぼ自給自足で日々の生計を立てている。老子が理想としたのはそのような郷村の生活だったのだろう。

ただし、この「結縄の古」は老子の時代、おそらく春秋から戦国にかけての時代でも復活するのは現実的ではなかったと思われる。しかし、かれは単なるユートピアを述べたのではなく、ルソーのように「自然に帰れ」と主張しているわけでもない。現実においてあるべき姿を象徴的に描写しているものととらえるべきであろう。(5) その姿とは、腹をみたし、骨を強くする生活、すなわち、自給自足に近い自律的な農村生活だったのではないだろうか。

実際、古代中国の郷村は国家からの介入にもかかわらず、したたかに自律した生活を営んでいた。国家組織としては、老子の主張するような小さな政府は実現せず、皇帝を頂点とした封建制、郡県制、郡国制などの国家組織が清の時代まで続いた。しかし、自律的な村落共同体自体は、これらの時代を通じて生き残ってきたのではないだろうか(6)。もしそうであれば、老子の理想は村落共同体レベルでは実現していたと解釈することもできるだろう。

この小国寡民は、古代中国のみに適用され、現在の私たちにとっては何ら関連性をもたないのだろうか。「結縄の古」を象徴的にとらえるのであれば、それは太古から続く本来の姿、すなわち自給自足の自律的生活を意味する。

組織の場合、その本来の姿とは、創業当初の少人数のグループを指すだろう。そこでは分業も明確でなく、毎日顔を突き合わせ、濃密なコミュニケーションが行われていた。形式的な手続きや仕組み、ルールも存在せず、阿吽《あうん》の呼吸で臨機応変の対応が可能だっただろう。

老子の結縄の古や小国寡民は、そこに立ち戻ることではなく、そのエッセンスをいまのままで実現することを意味する。古典的経営学に人間関係論という領域がある。そこでは、組織のなかに自生的に生成されるインフォーマルグループが、従業員のモチベーションに大きく影響することが議論されてきた。

このインフォーマルグループとは人間関係論では職場の仲良しグループのことを指す。それは公式な組織とは別に形成されるものであり、一般化すると、仲良しグループ以外にも、派閥や学閥などもインフォーマルグループに含まれる。

このインフォーマルグループは、一次集団（プライマリーグループ）とも呼ばれ、組織の原型に該当する。

「一次集団を活性化していくことが、結縄の古を現在に実現すること」にほかならない。たとえば、ホラクラシーやセムラーイズムのような分散型自律組織がその具体例になるかもしれない。

このように指摘すると、必ず生じる反論は、それは一部のメーカーやＩＴ企業に適した話であり、規模の経済を追求するピラミッド型の大企業にとってはあまり関係ないというものだ。確かに規模や範囲の経済が有効である領域では、分散型自律システムは非効率であろう。その意味では、このようなシステムが適用できる領域は限定されているのかもしれない。

しかしながら、たとえ重厚長大的な組織であっても、分散型自律組織は必要であり、実現することは決して不可能ではない。たとえば、フォーマルな組織はピラミッド構造をとり、それと併行してインフォーマルな分散型自律組織の形成を促進し、そのことによってフォーマルな組織を活性化し、勢いを高めていくことが考えられる。

具体的には、既存の業務と並行して、自発的なプロジェクトや勉強会を形成していくことができる。組織論学者、ジョン・コッターは、これをデュアルOSと呼んでいる。[7] これは、既存のピラミッド組織とは別に、自発的な業務ネットワークを形成していく形態のことを意味する。後者はまさに小国寡民の組織版であり、このような分散型自律組織を構築できているかどうかが組織の勢いを規定する大きな要因になり得るだろう。

セムコの場合、1990年のブラジル経済不況により大幅な業績低下に見舞われた。従業員との話し合いの結果、かれらを解雇するのではなく、経営陣も含めて給与を大幅にカットするとともに、プロフィットシェアリングの比率を高めることでその危機に対応しようとした。しかし、それは一時的な急場しのぎであり、より長期的に有効な取り組みが必要であった。

そこで導入されたのが、サテライト・プログラムだ。これは従業員がセムコとの雇用契約を解消し、自らサテライトという企業を立ち上げる。サテライトはセムコの設備を自由に使うことができる権利を有した外部のサプライヤーという位置づけになる。固定的な給与保証はない代わりに、サテライトの利益はすべて自分たちのものになる。もちろん、サテライトを立ち上げるか、セムコの従業員を続けるか、あるいは両者にパートタイムで参加するかは従業員の自由である。

この取り組みは、従業員の解雇を避け（したがってリストラ費用も削減できる）、「見ず知らずの外部の者に仕事を回すくらいなら、従業員に回したい」という考えから導かれたものだ(8)。このような市場取引的な要素を導入することにより、同社の業績はさらに向上するだけでなく、サテライトからも多くの新規事業が提案され、事業化されていった。このサテライトは少人数の集団から構成されるため、これもまた小国寡民を実現したものと解釈することができるだろう。

組織掌握の要諦

優れたリーダーが組織を掌握する要諦は、組織の隅々までグリップを効かせるのではなく、それを手放すことにある。それがセルフマネジメント型経営であり、理想的には、ホラクラシーのように役割や業務フローを中心とした新たな階層の構築が求められる。ただし、これは企業文化の大幅な変更となるため、いきなりこちらに移行するハードランディングは避け、デュアルＯＳのようなものを導入することで、部分的にセルフマネジメントを開始するべきだろう。

ザッポスでさえ、全面的にホラクラシーに移行したわけではない。セムコは現存する大企業のなかではかなり先端を行っている。しかし、そのビジネスは環境コンサルティングなど、大量生産ではなくクオリティ重視で高付加価値な製品・サービスから構成され、このような事業形態であるからこそ、セムラーイズムは実現可能だったのかもしれない。

しかし、階層性がいかなるものであろうとも、上柔・下剛の構造、具体的には、大制不割として組織メンバー一人ひとりが柔と剛の間の往復運動を臨機応変に実施していくことが求められる。この臨機応変の対応こそが本質であり、プラットフォーム、ルーティン、本計で指摘した条件設定などはその勢いを支援するものにほかならない。

第十一計で学ぶ老子の教え

- 下流に甘んずることで、むしろ人の上に立つことができる。
- 前提条件を設定したら、小魚を煮るようにマネジメントする。
- 既存の階層組織に併行して、小規模な自発的ネットワークを形成する。
- 役割、業務フローを中心とした新たな階層を構築する。

【注】

(1)Ricardo Semler, op. cit.

(2)ロバート・K・グリーンリーフ著、金井真弓訳『サーバントリーダーシップ』英治出版、2008年。

(3)フランソワ・ジュリアン著、中島隆博訳『勢 効力の歴史——中国文化横断』知泉書館、2004年。

(4)なお、条件・結果モデルと対比するのであれば、「手段・目的モデル」のほうが整合的である。しかし、「目的・手段」という言葉のほうが一般的であることを考慮し、以下では「目的・手段モデル」と呼ぶことにしたい。

(5)大濱氏は次のように述べている。「老子は単なるユートピアをこの章で述べたのではない。ユートピアは、現在の社会状態の害悪から逆に推論された理想的社会であるが、それは必ずしも実現可能を意味するのでなく、またそれへの到達の実践を要請するのでもない。老子の場合は、現実の社会において実現可能の世界を説いているのである」大濱前掲書、210ページ。

(6)ただし、隋・唐時代に導入された均田制のもとでは、上からの統制がかなり強くなったので村落共同体の自律性は著しく低下したと考えられる。しかし、均田制は唐代末には消滅しており、それ以降、強力な中央集権的土地制度は実施されていない。明代の里甲制に到っては、村落共同体の自律性を高めるものであった。

(7)ジョン・P・コッター著、村井章子訳『ジョン・P・コッター 実行する組織——大組織がベンチャーのスピードで動く』ダイヤモンド社、2015年。

(8)Ricardo Semler, "Why my former employees still work for me", *Harvard Business Review*, 1994, pp.64–73.

第二部　ケース問題で老子の教えをビジネスで実践する

これまで本書で述べてきた、老子が説くマネジメントの要諦をまとめると次のようになる。

第一計　余白の効力――優れたリーダーは何もしない！
第二計　柔弱の効力――強者は弱者に勝てない！
第三計　静かなるプロセス――形で勢いを生み出す！
第四計　賢者の選択――目指す方向の逆を行く！
第五計　過少の効果――成功する人は徹底的に手を抜く！
第六計　過剰の逆効果――成功を手放さない者は身を滅ぼす！
第七計　創造の起点――学ばずして本質を見抜く！
第八計　創造の要諦――やさしいことだけ手を付ける！
第九計　無為の経営――組織のグリップを手放す！
第十計　上柔・下剛――優れたリーダーは柔にとどまる！
第十一計　人心掌握の極意――下流から人を動かす！

おそらく、ここまで読まれた方々は、これらの逆説的で過激とも思われる主張に納得していただけたのではないだろうか。そこで第二部では、いくつかのケースを検討しながら、これまでのまとめをするとともに、皆さんの理解をさらに深めていくことにしたい。

ケース問題 1

組織をいかに活性化させるか？

次のビジネスケースを読んで、ギャップの組織活性化策を考えなさい。

ギャップは米国を拠点とし、グローバル展開する衣料品小売業者である。一時期、同社の業績は低迷し、店舗の売上が低下していた。同社の従業員の大半はパートタイムであり、かれらのモチベーションの低下や顧客サービスの品質の低下が、その原因だと考えられていた。

そこで同社は、「従業員参加イニシアティブ」（Associate Engagement Initiative）と呼ばれるプログラムを実施することにした。それは次のような内容のものである。

●**従業員の声を尊重**――従業員の意見やフィードバックを積極的に収集し、それを組織の意思決定や改善活動に反映させることで、従業員の参加意欲を高める。
●**コミュニケーションの促進**――上司や管理職とのオープンなコミュニケーションを促進し、従業員が自身の考えや意見を自由に表明できる環境を整備する。
●**従業員のスキル向上**――従業員のキャリア開発やスキル向上の機会を提供し、彼らの成長とキャリアパスを支援する。
●**チームビルディング活動**――チームビルディングイベントや社内イベントを通じて、従業員同士の連携やチームワークを強化する。
●**業績評価の透明性**――従業員に対して業績評価の基準やプロセスを明確に伝え、公平な評価を行うことで、従業員のモチベーションを向上させる。

このプログラムを実施することで従業員のモチベーションは向上し、業績を回復させる一定の効果は見られた。しかし、これよりもコストがかからず、しかも店舗従業員の大半を占めるパートタイム従業員のやる気をさらに高める方法はあるだろうか。

従業員の生活の質を改善して生産性アップ

一般に、小売業のパートタイム従業員の勤務時間は、週ごとに変わるのが普通である。ギャップもその例外ではなく、かなりの従業員がシフト時間を知らされるのが1週間前かそれよりも直近になっていた。そのため、かれらは事前にプライベートの計画を立てることが難しくなっていた。

同社は、業務改善自体を直接目指すよりも、販売スタッフの「生活改善」を優先することにした。同社は、労務管理の専門家チームと協力し、サンフランシスコとシカゴで無作為に選ばれた店長たちに、４つの変化を起こすよう求めた。

すなわち、勤務シフトの開始時刻と終了時刻を標準化し（これらは予想される来店客数に応じて、日ごと、週ごとに変化していた）、毎週同じシフトで従業員をスケジュールし、中心となるスタッフには少なくとも20時間の勤務時間を確保し、特別に開発されたアプリ、シフトメッセンジャーを使用して、従業員同士が勤務シフトを交換できるようにした。

その結果、10カ月間の実験に参加しなかった店舗と比較して、労働生産性は６・８％向上し、売上はほぼ３００万ドル増加した。

シフトメッセンジャーは特に効果があり、従業員の３分の2がそれを利用し、５０００

件以上のシフトを交換した。このアプリのおかげで、従業員が嫌がっていたシフトを店長が引き受け、従業員の収入に予想外の変化をもたらすことなく効果的に人員を削減することができた。

このギャップの施策は、労働生産性を向上させただけでなく、従業員からもウェルビーイングの向上と睡眠の質の改善が報告された。

このギャップのアプローチは、従業員参加イニシアティブとは異なり、従業員の生活の質改善を直接の目的としている点にその特徴がある。

勢いの邪魔をするものを取り除く

このギャップの施策を老子の教えから解釈することにしよう。まず高いモチベーションや組織の活性化とは勢いのことを指す。この勢いをとらえるためには、より細かく分類しておく必要がある。

これを振り子運動で考えてみよう。振り子は半円の軌道を描くため、振り子と支点の間に求心力、遠心力が働く[(1)]。これらがバランスしなければ、振り子は支点に向かったり、外へ飛んで行ったりしてしまい、振り子運動の軌道から外れてしまう。

ケース問題1

組織をいかに活性化させるか?

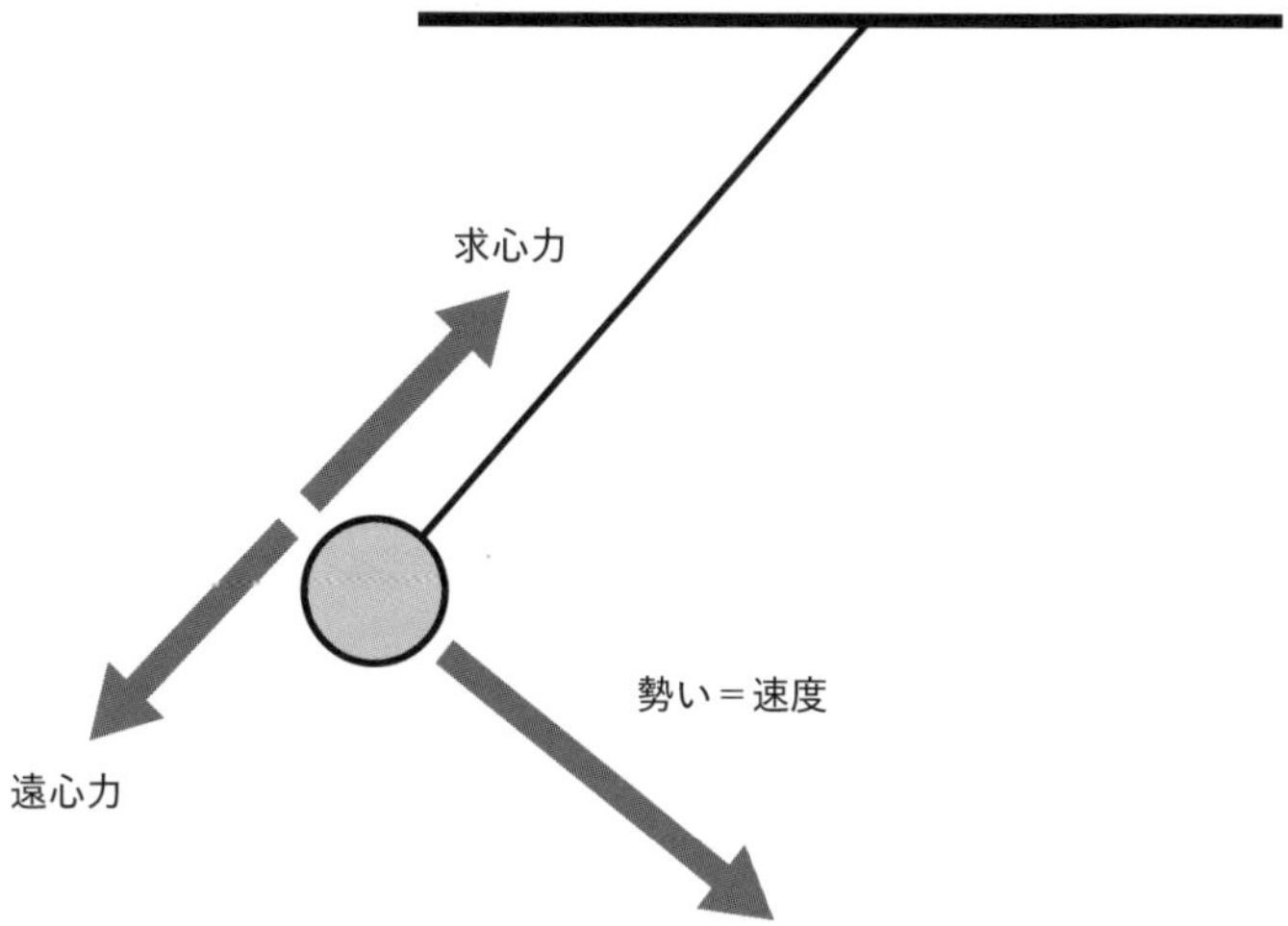

組織でいえば、求心力は組織の目的、ミッション、パーパスに各メンバーが収束する力を指し、遠心力は、各自がさまざまな方向に行動し、拡散していく力を意味する。求心力が強すぎると、上から指示されたことのみを実行し、画一的な行動しかとれなくなる。しかし、遠心力が強すぎると組織として統一がとれなくなる。

このバランスがとれて初めて振り子は前進することができる。この前に進む力が振り子の運動エネルギーであり、その勢いは速度、加速度として現れる。組織の場合、この勢いとは具体的には売上、利益など業績の成長率として現れる。

この勢いをここでは「時勢」と呼ぶことにしよう。なぜ「時の勢い」かといえば、振り子運動では時間とともに勢いが変化し、その方向が反転することになるからだ。したがって、時を観ることが重要になる。

組織に勢いがない場合、これら3つの勢いのいずれかに働きかける必要がある。ギャップの場合、パートタイム従業員の求心力の欠如が根本的な問題であった。その求心力の欠如が接客サービスの低下につながり、時勢、すなわち売上成長をも妨げることになっていた。

ギャップが行ったのは、従業員の「生活の質」を改善することで求心力を再び高めることであった。生活の質が高まれば、当然ながら従業員満足度は向上し、組織に対する忠誠度は高まる。これは求心力を高めることにほかならない。

一方、従業員参画イニシアティブでやろうとしたことは、「従業員の業務スキル」を高め、時勢を強くする方向に重点をおいたものであった。しかし、それを行う前に、まずは弱くなった求心力を高める必要があった。つまり、ここでのポイントは、

「バランスをとること」

にある。この点で老子は、次のように述べている。

天《てん》の道《みち》は【天之道】

天の道は、余りあるものを損して足りないものに補う。ところが人の道はそうではない。足りないものを

損して、余りあるものに奉ずる。

求心力、遠心力、時勢はバランスがポイントになる。時勢が強すぎても、急成長により組織がついていけなくなり、求心力、遠心力ともに弱くなる場合もある。[2] ギャップの場合、時勢の邪魔となっているのが求心力であった。そして、勢いを高めるためにポイントになるのが、

「勢いの邪魔になるものを取り除くこと」

にある。ギャップの求心力の障害になっていたのが、シフト時間の変動だったのである。多くの企業では、従業員のモチベーションやエンゲージメントを高める対策として、紋切り型に給与水準の引き上げ、研修の充実、業績評価方法の見直しなどが行われる。これらはコストがかかるわりには効果がないことが多い。それは業績の勢い、すなわち時勢を高めることにばかり目が向き、求心力または遠心力を考慮に入れていないからにほかならない。

この求心力、遠心力は、業務自体ではなく、それを含めたワーク・ライフ・バランスに目を向けなければならない。それによって効果的な組織活性化策、モチベーション向上が可能になる。

このように、組織を活性化したいときは、

①３つの勢いのなかでアンバランスを引き起こしているボトルネックを特定する
②そのボトルネックになる勢いを邪魔している要因を識別する
③その障害を取り除く

ことが第一にすべきことだろう。多くの場合、時勢を邪魔するのが求心力であり、求心力は組織メンバーの仕事、生活の質に依存している。

これらの質を高めていくためには、第十一計でも指摘したように、リーダーは下流に立たなければならない（老子「江海所以能爲百谷王者」）。というのも、通常、従業員の仕事、生活の改善は、管理者の負担の増加を伴うからだ。ギャップの場合、パート従業員が嫌がっているシフトは店長がすべて引き受けていたことに注意してもらいたい。

優れたリーダーは何もしない

しかし、たとえ組織の勢いを邪魔する原因がわかっていても、容易に解決できない場合もある。特に問題となるのが社内での対立だろう。この対立が先鋭化すると、求心力が低下し、遠心力とのバランスがとれず、組織はバラバラになる。その結果、時勢は削がれることになる。残念ながら、このような対立、内紛は容易に解決することができない。

この場合、即効性があり、最も強い効果を生み出すのが「危機感の醸成」だ。もちろん危機感が共有されれば、勢いを阻害するものが取り除かれるわけではない。しかし、対立する者同士も一時休戦し、協調することになる。というのも、危機感を生み出すものが「共通の敵」の存在だからだ。

この「共通の敵」に敗れれば、互いに対立しようが同じ組織のなかにいるかぎり、打撃を受けることになる。だからこそ、昨日の敵同士が手を組み、協力して「共通の敵」に対応していく強いインセンティブが与えられることになる。

この「共通の敵」は、求心力を高め、バラバラに動いていた遠心力と釣り合うことで時勢を強くしていくことができる。つまり、

「共通の敵を何らかの〝形〟で演出し、危機感をあおることが組織の勢いを生み出す」

かつての日本企業の特徴の1つは、悲観主義といってもよいくらい危機感をあおっていた点にある。高度経済成長やバブルのような好況期でも「このままではグローバル化の波についていけなくなる」「この状況に安住していてはいけない。いまのうちに新規事業を

育てなければならない」といった危機感が叫ばれ続けた。その功罪はさておき、この危機感が組織の勢いを高め、成長の原動力になっていたことは否定することができない。

危機感が組織の勢いを増すことについて、孫子も明確に指摘している。[(3)] 第二計で述べたように、かれの兵法の要諦は、勢いを活用し、勢いで戦わずして勝つことにある。この勢いを増す方法として孫子は有名な「呉越同舟」の手法を推奨する。

呉の国の人と越の国の人のように敵対し仲が悪い者同士でも、たまたま同じ舟で川を渡る途中、大風に遭遇した場合は、あたかも左右の手が補完し合うように、お互いに助け合うものである【九地篇】

この「呉越同舟」こそが組織の勢いを高める秘訣になる。そのためには同じ船に乗り、共通の敵に遭遇するという「形」を演出する必要がある。この危機感に訴えかけることは即効性があり、トップのメッセージを通して短期間で勢いを生み出すことができるかもしれない。

ただし、この危機感の醸成は、第九計で述べた老子のマネジメント手法のランキングでいえば第3位の「上仁（リーダーシップ）」に相当し、最上位に評価されたものではない。実際、即効性があるものは揮発性も高い。組織の勢いを安定的なものにするためには、

「上徳」という自然の勢いが重要であり、その勢いを高めるには「下徳」が必要になる。この「下徳」として安定的な効力を発揮するのは、やはり「形」になるだろう。

第十計で解説したセムコの場合、もはやパーパス、ビジョン、経営理念、リーダーシップ、危機感さえ必要なく、しかも求心力が生じている。同社は、事業の展開はダイナミックであり、現時点で予想することはできないという考え方から、将来像を描くようなことはしていない。しかし、同社の強い企業文化やセムラーイズムというセルフマネジメント型経営の形が、求心力を生み出している。セムラーは次のように述べている。

「他人が意志決定をやりやすいような環境を作りだすことに努力するのが私の責任だ。成功の秘訣とは、まさに自分が成功の主人公とならないことにある[(4)]」

このような形が、老子が理想とするマネジメントになる。そこでは、「リーダーは何もしない」ことが最善の策となる。

【注】

(1)なお、正確には、遠心力は慣性力であり、振り子に乗っている者が感じる見せかけの力である。振り子運動を外から見ている立場（静止系）からすると、遠心力は存在しない。ただし、ここでは振り子運動する組織のメンバーの立場（回転系）から議論しているため、遠心力という言葉を使用することは許されるだろう。ただし、振り子運動は老子の教えの理解を深める目的で使用しており、力学的な正確性は念頭においていない点はご理解いただきたい。

(2)力学的には、振り子速度をv、紐の長さをLとすると、求心力および遠心力はmv^2/Lとなる。vが増加すると必然的に求心力も高くなるため、力学的にはこの表現は正しくない。あくまでも組織に適用した比喩的なものとしてとらえてもらいたい。あえて力学的に解釈するならば、vが大きくなりすぎて重りが飛んでいき、求心力、遠心力はゼロになった状況になるだろうか。

(3)「孫子」における老子の影響については、たとえば、金谷治訳注『孫子』岩波文庫、2000年、15ページ、17ページ参照。

(4)セムラー前掲書、14ページ。

ケース問題2

組織をいかに再生させるか？

次のビジネスケースを読んで、危機に陥ったフォードが業績回復するためにはどのような対策が必要なのか考えなさい。

米国の自動車メーカー、フォード・モーター・カンパニーは、2000年代初頭から中頃にかけて、北米市場において業績が悪化していた。特に、トラックやSUVなどの大型車の販売が低迷し、燃費効率の悪い車種が多かったため、消費者の需要変化に対応できていなかった。競争の激化と原材料コストの上昇も影響し、2005年の決算では、数十億ドルの損失を計上し、財務的な危機に直面した。

フォードは2006年1月に大規模なリストラを実施した。このリストラ計画は「Way Forward（前進計画）」と呼ばれ、その主な内容は次のようなものであった。

- **工場閉鎖と生産能力の削減**――14の工場閉鎖・縮小
- **従業員の削減**――北米の労働力を30％以上削減、早期退職パッケージの提供
- **ブランドの整理**――ジャガー、ランドローバー、アストンマーティンの売却、フォード、リンカーン、マーキュリーへの集中
- **モデルラインの見直し**――収益性の低い車種の生産終了、需要の高いクロスオーバーSUV、ハイブリッド車に集中
- **グローバル製品戦略の導入**――グローバルな製品ラインを統一し、各地域で同じ車種を販売することで、開発費用と生産コストを削減
- **財務基盤の強化**――資産の売却、新たな資金調達

これらのリストラ策により、フォードは次第にコスト構造を改善し、財務状況を安定させることができた。

しかし、その効果はすぐには見られず、2006年の業績はさらに悪化することになった。同年、フォードは127億ドルの赤字を計上し、これはフォードの歴史のなかで

最大の損失であった。売上は、前年から約9％減少し、フォードの北米市場シェアは、2005年の18％から2006年には16％に減少した。

フォードが業績を好転させるには何をすべきだろうか。

過剰な状態を最適な水準に戻す

フォードは、業績悪化を受けて、「守りの姿勢」に転じている。守りの姿勢とは、既存の事業や資産の圧縮など、規模縮小や事業の選択と集中を指す。

業績が悪化しているというのは、振り子運動でいえば、振り子はすでに勢いが弱まり、場合によっては、逆行している段階になる。ここでは過剰の逆効果が発生する。

したがって、すべてが過剰になっているため、それを最適な水準にまで戻す必要がある。つまり、規模の縮小であり、これは望む方向とは逆に進むことを意味する。そのうえで時機が来るのを待つ「耐える経営」が求められる。

その意味では、フォードがとった対策には何も問題はなかった。2006年の業績悪化は、これまでの負の影響の結果であり、新たな対策からさらに業績が悪化したというわけではない。もちろん、リストラ費用などが追加負担になっただろうが、それによる収益圧迫は非難されるべきものではないだろう。

規模圧縮による効果は、まずはコスト削減という形であらわれる。その結果、業績は時間とともに改善していくことが期待される。しかし、再び振り子を前進させるには、攻めの経営へと転じていく必要がある。

守りから攻めへと転じる条件

フォードでは、2006年9月にアラン・ムラーリーがCEOに就任し、新たな攻めに転じることになる。それが「One Ford」と呼ばれる計画であった。これは「Way Forward」で整理されたブランド、製品ラインナップを軸として、その競争力を再び高めるものであった。

この計画の主な目標は、フォードのグローバルな製品開発、製造、マーケティングの効率を最大化し、一貫性のある強力なブランドを築くことにあった。その主要な内容は次のようなものである。

●**グローバルな製品ポートフォリオの統一**――フォードは国ごとに異なるモデルを展開していたが、「One Ford」のもとでは、全世界で共通のプラットフォームを使用することに重点をおいた。具体的には、フォード・フォーカスやフォード・フィエスタなどのモデルが、世界中で同じ基本設計で販売されるようになった。

●**効率的な製造プロセス**――製品をグローバルに統一することに伴い、製造プロセスの標準化を進めた。共通のプラットフォームと部品を使用することで、製造ラインの柔軟性と効率を向上させ、生産コストを削減した。

●**強力なブランドの構築**――ブランドイメージを統一し、広告やマーケティング活動もグローバルに統一され、一貫性のあるブランドメッセージを伝えた。

●**リソースの効率的な配分**――資金や人材などのリソースを効率的に配分し、最も成長の見込まれる市場や製品に投資した。

●**顧客志向の強化**――消費者からのフィードバックを積極的に収集し、それを製品開発や改良に反映させる仕組みを構築した。特に、燃費性能や環境性能を重視したモデルの開発を進めた。

単なる規模の圧縮だけでなく、圧縮された領域で攻めに転じた。つまり、後退した位置から潜在的勢いを高め、そこから新たな振り子運動を開始したのである。

この「One Ford」の実施により、フォードはコスト削減と効率向上を実現し、2008年秋のリーマンショック後の不況にもかかわらず、政府からの救済措置を受けることなく、自力で2009年には黒字化に成功した。

つまり、フォードは守りから攻めへとすぐに転じているのであり、それが可能だったのは、徹底した規模縮小を行ったからにほかならない。それは振り子の逆方向へと大きく後退することを意味する。

「逆方向を行くことで、絞り込まれたリソースの潜在的勢いを高め、新たな攻めの経営へ転じることができた」のである。

ただし、それは反転攻勢といっても積極的な攻めではなく、いわば「防御的攻撃」といったものであった。そこで実施されたのは、既存の無駄、重複を省き、グローバルに統一化したブランド、車種、生産体制を構築し、高収益の車種に特化することであった。決してそこに新たな試みとしての積極的な攻めは含まれておらず、余計なことは試みられていない。

優れたリーダーは目指す方向と反対側に行く

このことからわかるのは、業績が悪化した場合、もしそれが過剰の逆効果に起因するものであれば、

①後退し、潜在的勢いを高める
②十分に潜在的勢いが得られたところで反転攻勢する

という二段階の手順を踏む必要がある。

まずは①の準備があってこそ、次の防御的攻撃としての②の反転攻勢に打って出ることが可能になる。これは、ジャンプ動作に似ている。はじめに膝関節を屈曲させて重心を下げる。これが①になる。

その後、瞬発的に下半身の筋力を用いて地面を押し離すことで、垂直方向への推進力を生み出す。これは屈曲することで得られる潜在的エネルギーに該当する。そして、上方へのジャンプが②に該当する。これによって、「一歩下がって二歩進む」ことができる。決して、「三歩進んで二歩下がる」のではない。

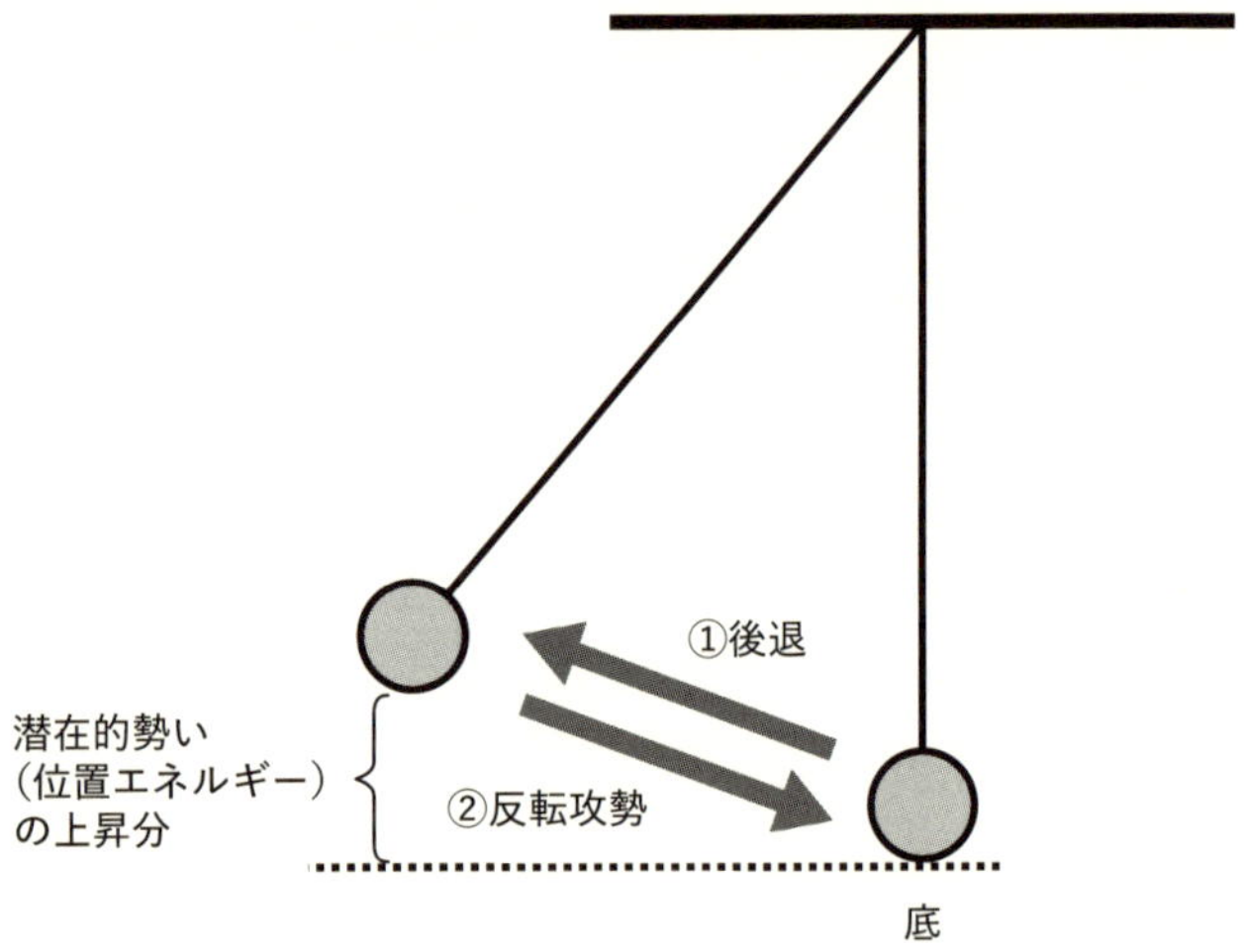

フォードの場合、単なる①の守りだけではなく、すぐさま②の防御的攻撃がなければ業績回復は難しかっただろう。というのも、自動車業界の場合、定期的なモデルチェンジがあり、そこでの技術進歩に後れをとると新車の魅力度が低下し、ブランド力が失墜する危険性があるからだ。

これは自動車業界に見られる頻繁なモデルチェンジ、品質、性能、技術への顧客の感度の高さ、ブランド力の重要性などが影響している。業界によっては、この耐える経営の期間を長くし、潜在的勢いを高めるとともに、外部状況が好転するまで待ち続けるというケースもあるだろう。

しかし、①の後退が、潜在的勢いを高めることにならないのであれば、そのようなリストラは効果がない。たとえば、潜在的勢いがすでになくなってしまった創業以来の主力事業を守り、収益性が高く勢いのある新規事業を売却するといった選択と集中は決してうまくいかないだろう。これは、振り子運動、すなわち第三計、第四計で解説した静かなるプロセスの循環運動の特性に反する。

さらに最悪なのが、業績悪化に直面すると、この苦難を乗り越えようとして規模や業績を上向けようと無理な戦略を選択するケースである。業績悪化が構造的なものではなく、一時的な外部攪乱であれば、それも正当化されるかもしれない。しかし、そうでない場合は、ギャンブルになる。

これとは異なり、老子が説く優れたリーダーは、「目指す方向と反対側に行く」のである。

ケース問題 3

さらに業績を伸ばすには？

次のビジネスケースを読んで、クォークが業績悪化を防ぐには何をすべきだったか考えなさい。

1981年にティム・ギルによって設立されたクォークは、当初は多様なソフトウェアを開発していた。1987年にリリースしたQuarkXPressが大ヒットとなり、デスクトップパブリッシング（DTP）市場に焦点を絞り、急成長を遂げることになった。1990年代、QuarkXPressがDTP業界の標準ツールとなり、多くのプロフェッショナルユーザーに支持され、1998年の同社の市場シェアは90％程度にまで達していた。

ケース問題3

さらに業績を伸ばすには?

この成功に乗じて、1990年代後半から2000年代初頭にかけて同社は新たな展開を試みた。

●**製品開発**――ウェブパブリッシング――インターネットの普及に伴い、ウェブコンテンツ制作ツールとしての製品を開発。

●**マルチメディア市場への進出**――インタラクティブなメディアや電子出版の需要が高まるなか、これらの市場にも進出を試みた。

●**企業買収**――新たな市場に進出するために、ALAP、グルオン、モバイルーIQ、インヴィジョン・リサーチ・コーポレーション、ドキュレイテッドなどを買収し、新技術の獲得や市場シェアの拡大を図った。

しかしながら、これらの新たな試みは成功しなかった。まず、ウェブパブリッシングやマルチメディア製品は市場での競争力を発揮できず、ユーザーの関心を引くことができなかった。また、既存のDTP市場において、クォークはユーザーサポートを怠ったため、ユーザーの不満が高まった。

DTP市場での業績低下の決定打となったのは、1999年にアドビがリリースしたAdobe InDesignの登場であった。この時点でQuarkXPressはまだ市場を支配しており、

DTP市場の90％近くのシェアを保持していた。しかし、2003年にはAdobe InDesignが徐々に普及し始め、QuarkXPressのシェアは約60％程度にまで減少した。2006年には、市場シェアは50％を下回り、2010年以降の市場シェアは20％以下となった。一方、Adobe InDesignはDTP市場の圧倒的なシェアを獲得し、60％以上のシェアを持つに到った。

クォークが業績をこのように悪化させないためにはどうすべきだったのだろうか。

勝利の方程式に従う

このケースは、クォークが成長の内的必然性、すなわち「勝利の方程式」を理解せず、それとは無関係な投資を行い、さらには「勝利の方程式」に反する強化を行ったことが失敗の原因であることを示している。具体的には、次のような失敗の要因を指摘することができる。

●市場ニーズの過小評価——ウェブパブリッシングやマルチメディア市場の技術革新やユ

ーザーのニーズを十分に理解せず、適切な製品を提供できなかった。

●**ユーザーサポートの欠如**――既存のQuarkXPressユーザーに対するサポートを怠り、顧客満足度が低下した。これにより、ユーザーは他の製品(特にAdobe InDesign)へとスイッチした。

●**競合対応の遅れ**――Adobe InDesignが市場に登場した際に、これに対抗するための迅速な対応ができなかったため、シェアを急速に失うことになった。

●**買収の失敗**――同社が実施した複数の買収は、十分なリターンを生み出すことなく、資源をいたずらに浪費する結果となった。

第三計で議論した静かなるプロセスについて思い出してもらいたい。このプロセスは循環し、振り子運動をする。この振り子運動には規則性があり、順行と逆行から構成される。運動の萌芽段階でないかぎり、順行か逆行かの判断は比較的容易であり、静かなるプロセスは勝利の方程式にもとづき進展する。そのため、その論理的特徴を正確に理解することが可能になる。

「ビジネスが順調であれば、その勝利の方程式を明確に把握しておく必要がある」

クォークの場合、DTP市場で成功できた勝利の方程式とは次のようなものであった。

●高度な機能と使いやすさ――QuarkXPressは非常に柔軟なレイアウト機能を提供し、ユーザーが複雑なデザインを簡単に作成できるようにしていた。特に印刷物の制作においては、多くのプロフェッショナルが必要とする機能を網羅していた。また、直感的なインターフェースと多機能なツールセットにより、デザイナーや出版業者にとって非常に使いやすいソフトウェアであった。

●プロフェッショナル向けの特化――QuarkXPressは、プロのデザイナーや出版業者に向けて設計されており、業界標準のツールとなるための機能を備えていた。この特化が、多くのプロフェッショナルユーザーに支持される要因となった。

●市場の先行者利益――QuarkXPressは1987年にリリースされ、DTP市場における標準ツールとしての地位を確立していた。これが可能だったのは、競合が少なかった初期の段階で大きなシェアを獲得したからにほかならない。

しかしながら、同社が志向した多角化やそれに伴う企業買収は資源の拡散を招き、これらの論理的必然性を弱めるものであった。特に、ユーザーサポートや技術的優位性の維持に対する投資が希薄化される結果となった。

たとえば、Adobe InDesignは、アドビの他のソフトウェア(PhotoshopやIllustrator)との統合がスムーズであり、デザイナーにとって非常に魅力的なものであった。また、QuarkXPressよりも柔軟で強力なレイアウト機能、タイポグラフィの強化、XMLベースのコンテンツ管理など、革新的な機能を多数搭載しており、同製品の技術的優位性は明らかであった。

さらに、アドビは強力なサポート体制と広範なユーザーコミュニティをもっていた。これにより、ユーザーがソフトウェアを学び、活用するためのリソースが豊富に提供された。また、アドビは教育機関やトレーニングプログラムを通じて、InDesignの使い方を広め、次世代のデザイナーや出版業者にアピールしていった。このような結果、クォークは負けるべくして負けることになったのである。

クォークは、その勝利の方程式に合致していることであれば、積極的に投資をしていくことは問題なかった。しかし、同社の失敗は、それを無視し、それとは関係のない余計なことに手を出しすぎたことにその失敗の原因がある。それによって、同社の勢いは失速していった。

プラットフォームを構築する

時勢を推進するもののなかで特に重要なのは、これまで繰り返し言及してきた「形」になる。山や川の例でいえば、それは斜面の傾斜であり、「孫子」の場合には、兵力とその陣形、フォーメーションが形になる。[1] 企業の場合でいえば、それはプラットフォームになる（第三計、第五計参照）。

「プラットフォームは、自発的な行動が行われる場を設定する」

クォークが失速した1つの要因は、このプラットフォームの構築の失敗にあるといえる。ただし、プラットフォームという言葉だけでは抽象的であまりイメージすることができないかもしれない。そこで、参考までにビジネスの領域に見られる典型的なプラットフォームを整理すれば、次のようになるだろう。

● **顧客基盤強化プラットフォーム**——顧客基盤を拡大し、顧客ロイヤルティと生涯顧客価値を最大化する。

●**オペレーション効率化プラットフォーム**――自動化とプロセスの最適化を通じて運用コストを削減し、生産性を向上させる。
●**収益源拡大プラットフォーム**――新しい収益モデルを採用し、収益の源泉を多様化して経済的安定性を強化する。

顧客基盤強化プラットフォームには、FacebookやInstagramなどのオンラインプラットフォームがあり、企業は幅広い顧客と直接的にコミュニケーションを取り、エンゲージメントを強化するキャンペーンや広告を展開することができる。あるいはセールスフォースなどのCRMツールを使用することで、企業は顧客データを一元管理し、顧客に合わせたパーソナライズされたマーケティング活動を行うことが可能になる。オンライン以外にも、ブランド、主力製品・補完製品の組み合わせなどもここに含まれるだろう。

オペレーション効率化プラットフォームの例としては、グーグルクラウドのように、クラウドインフラストラクチャを通じてリソースのスケーリングが容易になり、IT運用コストの削減と効率的なデータ管理が可能になるものがあげられる。あるいは、Zapierのように、さまざまなアプリケーション間での作業フローを自動化し、手動でのデータ転送やタスク実行から解放されることで、業務の効率を大幅に向上させることができる。

収益源拡大プラットフォームの例としては、アップルストアがある。開発者がアプリを販売することで収益を得るプラットフォームであり、アップルは販売からの手数料を通じて収益を上げている。これにより、収益源を多様化し、デジタル商品の市場を拡大している。あるいは、アドビのようなサブスクリプションモデルもこの分類の具体例になるだろう。

もちろん、これらのプラットフォームを複数兼ねているものもある。たとえば、フランチャイズ制度は、顧客基盤強化プラットフォームであり、収益源拡大プラットフォームにも該当する。また、アナログ、デジタルを組み合わせたプラットフォームの構築も可能である。

これらの形が勢いとしてのレバレッジを生み出す。レバレッジとは第八計で

インプット×レバレッジ＝アウトプット

と定義した。つまり、インプットとアウトプットの比率がレバレッジに該当し、それが高ければ、同じインプットで2倍、3倍の成果を出すことができる。まさに勢いを増す原動力になるのがレバレッジであり、それはプラットフォームおよびその運用・業務ルーティンによって実現される（第十計参照）。

3つのプラットフォームが生み出すレバレッジとは、その名が示す通り、顧客基盤強化、

オペレーション効率化、収益源拡大になる。これらのレバレッジは、第一計、第二計で指摘した無の効力(余白の効力+柔弱の効力)にほかならない。

ルーティンを設定する

ここでクォークのケースに戻ることにしよう。同社がDTP市場で構築したプラットフォームとは、顧客基盤強化プラットフォームになる。というのも、QuarkXPressは、DTP市場で標準ツールとして大規模な顧客基盤を築き、顧客ロイヤルティを高めることに成功したからだ。これにより、クォークは市場での競争力を維持し、新しい顧客層にも効果的にアクセスすることができた。

その後、クォークが多角化を目指し、マルチメディア市場への進出を試みた際、新たに構築しようとしたプラットフォームは収益源拡大プラットフォームであった。しかし、マルチメディア市場のニーズや競争環境を十分に理解していなかったため、クォークはこの市場で成功するための適切な戦略を構築できなかった。

なかでも、DTP市場で成功したQuarkXPressの技術や製品が、マルチメディア市場の要求に適応できず、DTP市場での強いブランドイメージも、マルチメディア市場では顧客にアピールすることはなかった。その結果、収益源拡大プラットフォームは失敗することになった。

一方、アドビがＤＴＰ市場に参入した後、クォークは、既存の顧客との関係を維持し、新しい顧客を引き付けるためのエンゲージメント戦略が不十分であった。ユーザーのフィードバックを取り入れることや、製品の更新と改良が遅れたことが原因で、顧客満足度は急落した。

それに対し、アドビは、PhotoshopやIllustratorなどの既存のデザインツールと連携するInDesignを提供し、既存の顧客基盤を活用してＤＴＰ市場に進出した。ユーザーインターフェースの改善や豊富な機能セットにより、デザイナーや出版業界のプロフェッショナルに支持された。

また、アドビはサブスクリプションモデル（Creative Cloud）を導入し、定期的な収益を確保した。これにより、製品のアップデートを継続的に提供し、顧客のニーズに迅速に対応することで、市場シェアを拡大することに成功した。

このように、アドビは効果的な顧客基盤強化プラットフォームと収益源拡大プラットフォームを構築することに成功した。その結果、クォークの顧客基盤強化プラットフォームのレバレッジが低下することになったのである。

プラットフォームがレバレッジを生み出すのは、そこに補完効果やネットワーク効果、集積効果、規模の経済などの外部性（収穫逓増メカニズム）が働くからである。ネットワーク効果としては、ネット検索のグーグルとバイドゥ、eコマースのアマゾンとアリババ、モバイルサービスのベライゾンとAT&T、クレジットカードのビザとマスターカードなどがある。補完効果としては、ミシュランのタイヤとガイド、ジレットのカミソリと替刃、アップルのポータブル機器とiTunesなどがある。この場合、コア製品と補完製品が一体となってプラットフォームを形成していると考えられる。それによって各々の競争力が向上している。

ただし、プラットフォームを準備するだけでは十分ではない。第十計で指摘したように、プラットフォームは余白の効力に責任をもつ。それに対して臨機応変の対応、無形の形を可能にする柔弱の効力がそれに伴わなければならない。

この臨機応変の行動を支援するためには、第十計で議論したように、運用ルール、業務ルールであるルーティンを設定する必要がある。

クォークは、この臨機応変の行動に失敗した。その理由については公表資料から特定することは難しいが、1つは新規事業へのリソースのシフト、さらには、ルーティンの欠如が影響しているものと推測される。後者については、もし、製品のアップデートや顧客関係維持強化のためのルーティンが徹底されていれば、アドビの新規参入に対しても適切な防御ができたのではないだろうか。あるいは、ルーティンがなかったとしても、臨機応変の行動を生み出すセルフマネジメントの仕組みが必要であった。
このことからわかるのは、

「優秀なリーダーは、組織の勢いやレバレッジを生み出すプラットフォームの構築やルーティンの進化に注力する」

かれはいわばデザイナーであり、実行者ではない。形のデザインができれば、あとは山頂から球を転がすように、自然の勢い、レバレッジに任せるだけになる。この段階になれば、

「優れたリーダーは何もしない」

特に、レバレッジを邪魔するような「余計なこと」はしない。

優れたリーダーは手を抜く

クォークのような「余計なこと」をせずに、競合や顧客への迅速な対応で危機を乗り切った事例として、２００８年のリーマンショックに起因する世界的な不況に直面したサウスウエスト航空の対応を指摘することができる。

このリーマンショックにより、多くの航空会社の業績が悪化し、運航便数や経費の削減に迫られた。サウスウエスト航空も例外ではなく、過去35年間黒字を続けていたが、２００８年に５６００万ドルの大幅な赤字を出すことになった。

しかし、同社の対応は他社とは異なっていた。乗客数が減少するなかでも、サウスウエストは新たな路線を開設し続けた。特に、他の航空会社が撤退または減便を行った市場に焦点を当て、これをチャンスと捉えた。たとえば、デンバー国際空港からの便数を増やし、２００６年には13の目的地に対してサービスを提供していたのを、２００８年には34の目的地にまで拡大した。

また、顧客サービスの質を落とさずに運賃体系を低く抑えつつ、シンプルでわかりやすい価格設定を継続した。一例をあげると、追加料金なしで２つの荷物を無料で預けることができるサービスは、他社との差別化要因となった。このような結果、２００９年の損益は9900万ドルの黒字となり、業績は急回復した。

このサウスウエスト航空の対応は、先ほど言及したフォードのような「一歩下がって二歩進む」やり方とは対照的だ。しかし、その中身を検討すると、これは同社の勝利の方程式に適ったものであることがわかる。まず、同社のプラットフォームは、オペレーション効率化プラットフォームであり、それらを支える勝利の方程式は次のようなものであった。

- 単一機材（ボーイング737）を使用することによる**メンテナンスコストやパイロット訓練コストの削減**
- 同業他社のハブアンドスポークシステムを避け、直行便中心のポイントツーポイント運航に特化することによる**顧客利便性向上**
- 総運航時間の短縮による**コスト削減**

つまり、同社は時勢の内的必然性、勝利の方程式を理解し、それを実行したに過ぎない。競合他社との違いは、この勝利の方程式が苦境にどの程度通用するのかどうか、振り子運動でいえば、勝利の方程式の時勢やその潜在的勢いの相違にある。

競合他社の場合、高コスト体質により、すでに規模の経済性を発揮できない状況にあった。したがって、資産の圧縮、人件費の削減に取り組まざるを得なかった。

それに対し、サウスウエスト航空の勝利の方程式は、依然として競争力を有し、ただリーマンショックという外的攪乱によって一時的に時勢が弱まっていたに過ぎない。だからこそ、一時的攪乱に影響されることなく、勝利の方程式を徹底して追求し、そのプラットフォームのレバレッジをさらに追求することができた。つまり、

「成長しているときは余計なことをせず、勝利の方程式を徹底すべきである」

勝利の方程式以外のことについて、「優れたリーダーは手を抜く」のである。

【注】

(1)孫子の無形の戦略は、このような全体的な形が与えられたなかでの具体的な運用形態を指す。

ケース問題 4

新規事業をいかに始めるか？

次のビジネスケースを読んで、Flickrが成功した理由を考えなさい。

Flickrは、写真共有プラットフォームとして知られ、2004年にカテリーナ・フェイクとスチュワート・バターフィールドによって立ち上げられた。かれらは当初、「Game Neverending」というオンラインゲームを開発した。このゲームの基本アイデアは、ユーザーが仮想世界でさまざまな冒険を楽しむことができる大規模多人数同時参加型オンラインロールプレイングゲーム（MMORPG）であった。それは、具体的には次のような特徴をもつものであった。

- **仮想世界**――プレイヤーが参加する広大な仮想世界を提供し、そのなかでキャラクターを操作して冒険や探索を行う。
- **ソーシャル要素**――プレイヤー同士がリアルタイムでコミュニケーションを取ったり、協力してクエスト(冒険)をクリアしたりできるソーシャル機能を重視する。
- **ユーザー生成コンテンツ**――プレイヤーが仮想アイテムやエリアを作成して共有できる仕組みを導入し、コミュニティがコンテンツを拡充することができる。

しかしながら、このゲームの試作版を通じてテストマーケティングを実施したところ、ユーザーの反応は芳しくなかった。そのため、このオンラインゲームは開発途中で中断され、市場導入には至らなかった。一方、このテスト段階で、ゲーム内での写真共有機能が予想以上に好評であることがわかった。

この結果を受けて、開発チームはゲームの方向性を変更し、写真共有プラットフォームへの方向転換を決断した。それによって開発されたのが、Flickrというサービスである。これは、使いやすいインターフェースやソーシャル機能を備え、写真愛好家の間で急速に人気を博すことになった。

その後、Flickrは、写真愛好家やプロの写真家を対象にしたコミュニティを形成し、高品質な写真やアート作品の共有に重点をおくサービスを提供し、顧客基盤強化プラットフォームとして大きな成功を収めた。２０１８年に同社がSmugMugによって買収されて以降も、このサービスは継続して提供されている。Flickrがこのように成功した要因は何だろうか。

小さな実験によるピボットを繰り返す

新たな試みは、既存の振り子運動の軌道を描くものではなく、振り子運動の創造につながるものである。第八計で述べたように、まずはその新たな試みの潜在的勢いを直覚し、たとえそれがデータで示されなかったとしても、担当者は根拠なき確信をもっていなければならない。その確信がなく、ただ勢いに任せて積極策をとることは、ギャンブルに等しい。うまく行くこともあれば、失敗することもある。確率としては後者のほうが圧倒的に高いだろう。

新規事業創造に際しては、まずはアイデアの潜在的勢いを直覚し、それが感知される場合には、控え目に投資し、ピボット（方向転換）できるようにしておくことが求められる。

第八計で言及した老子の「聖人はいつでも小さいことを為して最後まで大は為さない。だから本当の大を成すことができる」（老子「爲無爲」）という言葉は、

「小さな実験によるピボットを繰り返し、その積み上げで新規事業創造を行い、最初から大規模投資をしない」

と解釈することができる。

このピボットという観点からFlickrの開発ストーリーを振り返ると、そこには3つのピボットを確認することができる。

●**ピボット1**——ゲームの開発中に、テストマーケティングを通じて、ゲーム自体よりも、その内で写真を共有する機能にユーザーが強い関心をもつことが明らかになった。これをきっかけに、写真共有機能に焦点を当てることを決定し、Flickrというサービスとして再出発した。

●**ピボット2**——Flickrは最初、ゲームの一部として写真を共有する機能を提供していたが、ユーザーの反応を見て、完全に写真共有に特化したサービスにシフトした。この際、写真のアップロードとタグ付け、コメント機能などを強化し、ユーザーが写真を簡単に管理し、他のユーザーと共有できるプラットフォームとして改良し、ユーザーによるコミュニティ形成の基盤を築いた。

●**ピボット3**――さらに、ユーザーが写真を商業的に利用できるようにするために、クリエイティブ・コモンズ・ライセンスを導入した。また、写真を高解像度で保存し、プリント注文などのサービスを追加した。これにより、プロフェッショナルな写真家から一般のユーザーまで幅広い層にアピールするプラットフォームへと進化した。

このように同社は小刻みな実験を通じてピボットを繰り返し、徐々にFlickrを進化させていった。これは「いつでも小さいことを為して最後まで大は為さない」ことを意味する。その結果、「本当の大を成す」ことができたのである。

シンプルなアイデアから出発する

さらに、Flickrの開発プロセスで見られた基本的な開発アイデアは、非常にシンプルなものだったことも指摘しておきたい。最初の創業時のアイデアは、「冒険」にあった。ピボット1では「写真共有」、ピボット2は「使いやすさとコミュニティ形成」、ピボット3は「プロ向け機能と多用途利用」であった。

老子の「小さくやさしいことに手を付ける」というのは、

「シンプルなアイデアから出発すべきである」

と解釈することもできる。ただし、同社の最初のシンプルなアイデアである「冒険」は成功しなかった。アイデアがシンプルであり、直観的であったとしても、当然ながら成功する保証はない。シンプルさは成功のための必要条件であり、十分条件ではない。だからこそ、ピボットが必要となる。

しかし、多くの開発者、技術者はシンプル化よりも複雑化、高度化を志向する傾向が強い。そのほうが張り合いがあり、かれらの能力をいかんなく発揮することができるからだ。シンプル化はその逆であり、特に優れた技術者にとっては魅力的な方向ではないかもしれない。

しかし、アップル製品のように、世の中のブレイクスルーはしばしばシンプル化によって実現されてきた。シンプル化することは必ずしも技術的に稚拙なわけではなく、より高度な技術的要求を満たさなければならないことが多い。たとえば、ｉＰｈｏｎｅの場合、ホームボタンをなくすことで、高度なタッチコントロール技術を開発する必要があった。

したがって、シンプル化することは、技術的な高度化をも意味することになり得る。このことから老子の教えをイノベーションとして言い換えれば次のようになる。

「シンプルなことからイノベーションは生じる」

哲学者、カール・ポパーは、多くの優秀な弟子を育てたことでも有名である。ポパーは常々、哲学の論文を書く際、「君は明確であらねばならないし、決して大言壮語や不必要に複雑な言いまわしを使ってはならない」と学生に対して口酸っぱく説き、当時学生であった著名な哲学者ジョゼフ・アガシに対しては、その8歳になる娘に言及し、

「ティルザのために書きなさい」

と言っていたという[(1)]。

8歳の娘にもわかる「シンプルなアイデア」こそが、創造の源泉となる。多くのイノベーションに共通するのは、身近でシンプルなアイデア、ニーズを製品・サービスとして展開しているという点にある。

アップルがMacintosh、iPod、iPad、iPhone、Apple Watchなど画期的な新製品開発に成功し続けてきたのは、ただデザインや操作、複数の機能をシンプル化するという方針があったからにほかならない。デバイスをシンプルにすることで、ユーザーの自由度は高まり、利便性も向上する。スティーブ・ジョブズもまたシンプルさを称賛するのである。

優れたリーダーはやさしいことしかしない

スティーブ・ジョブズがアップルに復帰した後、1998年に発売される予定だったiMacのテレビCMのメッセージを巡ってかれは悩んでいた。iMacのデザイン、使いやすさ、美しさを30秒のCMでどのように伝えたらよいのかわからなかったのである。かれはクリエイティブディレクターであったリー・クロウの部屋へ行き、相談した。すると、クロウは机にあった紙を丸めてボールをいくつか作り、それをまとめてジョブズに投げつけた。ジョブズはそれをキャッチすることができなかった。

驚いたジョブズは、「何をするんだ」とクロウに言うと、クロウは再び「スティーブ」と呼びかけ、一個の紙ボールを投げつけた。ジョブズは、今度はそれをキャッチすることができた。そして、クロウはこう語った。

「これが良い広告なのです」

その後、iMacは有名なキャッチフレーズ「Think different」とともに大々的に宣伝され、大きな成功を収めることになった。このiMacのCMには、そのデザイン、使いやすさ、美しさを説明した音声メッセージは一切流されていない。ただ映像、音楽とともに「Think different」という文字が表示されるだけのものになっている。

ＣＭに多くの情報を含んでも、消費者はそれらを１つもキャッチすることができない。かれらの注目をひくためには、メッセージを１つに絞り込む必要がある。あれもこれもと情報満載にしたものは良いＣＭではない。

良いＣＭとは、あくまでもシンプルな１つのメッセージを効果的に伝えたものになる。ｉＭａｃの場合は、それが「Think different」であった。明らかにこれはＩＢＭの社是「THINK」を念頭においたものである。

この「シンプルさの効用」は、ＣＭにとどまるものではない。ありとあらゆるものに及んでいる。おそらくイノベーションとは、生活のシンプル化にあるのかもしれない。

一般に人間は複雑なことを嫌い、シンプルなものを好む。脳科学的にいえば、複雑なものは認知負荷を高め、その情報処理を困難にする。一方、シンプルなものは認知負荷がかからず、容易にその情報を処理し、記憶として貯蔵することが可能になる。そこに何か感情に訴えかけるものがあれば、さらに想起されやすくなる。[2] つまり、

「シンプルなものは高い認知処理効果、想起効果が期待される」

その結果、シンプルな製品、サービス、ビジネスモデルは消費者に強くアピールすることになる。

したがって、第八計で見たように、「優れたリーダーはやさしいことしかしない」

【注】

(1) W・W・バートリー著、小河原誠訳『ポパー哲学の挑戦』未來社、1986年、14ページ。

(2) 二重符号化理論では、長期記憶には、言語記憶とイメージ記憶があり、イメージ記憶のほうが想起効果が高いと考えられている。感情を伴う記憶は、イメージとして記憶されやすいと考えられる。

ケース問題5

自律的に動く組織を作るには？

次のビジネスケースを読んで、イケアがグローバルに柔軟な事業展開ができている理由を考えなさい。

家具の製造小売業として世界的に有名なイケアの成功は、次のような独自のビジネスモデルと運用方法によるところが大きい。

●**モジュール化された製品設計**——イケアの製品は、基本的なモジュールを組み合わせることで多様なバリエーションを提供できるよう設計されている。

●**フラットパック（Flat Pack）システム**――イケアは家具をフラットパック（平らな状態）で販売し、顧客自身が組み立てる形式を採用している。
●**データ駆動型の意思決定**――イケアは顧客の購買データや市場調査データを活用し、需要予測や在庫管理を行っている。

このような独自の仕組みをもつイケアは、ローカライズされた顧客ニーズを迅速に反映した継続的な製品開発を実現している。たとえば、日本市場では畳や押し入れ文化に対応した多くの商品を開発し販売している。また、ショールームのレイアウトを定期的に変更し、新しいライフスタイルの提案を行い、顧客体験の向上にも継続的に取り組むことができている。

イケアがこのような迅速かつ臨機応変の行動をとることができている理由は何なのだろうか。

プラットフォームにトッピングを加える

第二計で指摘した柔弱の効力とは、具体的には臨機応変の行動を意味していた。いままでこの臨機応変の行動を可能にする条件として、プラットフォームやルーティンという「形」に言及してきた。しかし、このような「形」が与えられたとしても、依然として臨機応変の行動が可能になるかどうか疑問に思われているかもしれない。

プラットフォームやルーティン以外で、臨機応変の行動を促進するためには、さらにどのような条件があるのだろうか。もちろん、それはケース・バイ・ケースになるだろう。しかし、多様な状況に共通する条件をあぶり出すことはできないだろうか。

イケアのケースが示唆するのは、臨機応変の行動といっても、すべてが新しいわけではないという点だ。多くの場合、それは状況に対する「パターン化された反応」であり、その「組み合わせ」である。

この「組み合わせ」を可能にしているのが、製品開発で言えばモジュール化された製品設計になる。グローバルで標準化された「モジュール」をもとに、各国のローカルな実情に応じてそれらを「組み合わせ」ていくことで、継続的な製品開発が可能になる。標準化されたモジュールがなければこのような対応は不可能だろう。

そして、単なる「モジュール」だけではなく、「組み合わせのパターン」が存在する。それが製品のプラットフォームである。このプラットフォームに需要に応じたモジュールを付加していくことで柔軟な製品開発が可能になる。さらに、標準モジュールを活用することでグローバルな効率性も同時に達成することができている。つまり、同社の臨機応変の行動とは、「プラットフォームにトッピングを加える」ことだと言えるだろう。多様性は「トッピング」を変えることで生み出している。

さらに、各地域の文化やイベントに合わせたマーケティングキャンペーンを展開できているのも、同様の論理にもとづく。各店舗の基本設計はグローバルで標準化されている。これはプラットフォームに該当する。

そこにフロアごとのレイアウト、陳列という「トッピング」を変えることで各国の実情に合わせることができている。たとえば、日本市場ではゴールデンウィークに合わせた特別プロモーションを行い、スウェーデン市場では夏至祭に関連したキャンペーンを実施し、店舗のマーチャンダイジングもそれに応じて変更していく。

それに加え、データ駆動型の意思決定は実情に応じた迅速な決定を支援し、フラットパックというプラットフォームが柔軟なサプライチェーン管理を可能にし、店舗ごとの臨機応変なマーチャンダイジングに貢献している。

要するに、製品、店舗、物流などでプラットフォームが確立されており、それで余白の効力が発揮される。そのプラットフォームに各国の実情に応じてトッピングを加えることで臨機応変の対応、柔弱の効力を可能にしている。

後者が可能なのは、プラットフォームの存在とともに、トッピングの標準モジュールが用意されており、それを取捨選択することができるからにほかならない。この「プラットフォームへのトッピング」は勝利の方程式ということができる。

幸運は準備された心に宿る

かつてアメリカンフットボールの甲子園ボウルで何度も優勝している強豪校の元ヘッドコーチにお話を聞いたことがある。そこで指摘されたのが、試合での臨機応変の対応は、日々の練習の賜物であるということだった。つまり、いくつかの状況を想定し、それに応じた動き、パターンを繰り返し練習する。このパターンを体で覚えていれば、その場その場の情勢判断で有効で素早い動きができるようになるという。

臨機応変といってもそれは即興で新しいことを行うのではなく、すでに準備しておいたパターンのなかから適切なものを取捨選択し、実行しているにすぎない。したがって、

「勝利の方程式を状況に応じて準備しておき、それを実践することで臨機応変の対応が可能になる」

つまりは、日々の準備が鍵となる。ジャズの即興演奏でも、原曲のコード進行を知っているだけでなく、音楽理論的に展開可能なコードのパターンを事前に身につけておかなければならない。それは決して完全なアドリブではなく、準備されたパターンの組み合わせにすぎない。

したがって、臨機応変の行動を可能にするのは、やはりプラットフォームとルーティンの組み合わせであり、それ以外の新たな条件があるわけではない。ただそのルーティンとは、「勝利の方程式」であり、それを事前に徹底して準備しておくことが鍵となる。パスツールの有名な言葉を借りれば「幸運は準備された心に宿る」のである。

このような状況に応じた臨機応変の行動は、上からの命令があると難しくなる。上司の決裁があるまで何もできなければ、それは機に臨むことを妨げ、変化に応じるタイミングを遅らせる。現場での臨機応変の行動を促進する組織、マネジメントのプラットフォームに該当するのが、セルフマネジメント型経営となる。

この点についてバルブ・コーポレーションの事例で見ていくことにしよう。バルブ社は

1996年に設立された米国のゲーム開発会社であり、「ハーフライフ」「ポータル」「Dota2」などの人気ゲームで知られている。同社がユニークなのは、その革新的な組織構造にある。

同社の組織構造は、階層やタイトルが存在せず、「フラットアーキテクチャー」と呼ばれている。この組織では、マネジャーや上司がおらず、すべての従業員が自分のプロジェクトを自由に選び、チームを組むことができる。あるいは新たなプロジェクトを立ち上げ、そのビジョンや方向性を自ら設定し、必要に応じて他のチームメンバーを募ることもできる。

同社はこのように「自己組織化されたチーム」から構成され、プロジェクトにもとづいて仕事が進められている。

ここでプロジェクトとチームを区別しておく必要がある。

プロジェクトは特定の目標や成果を達成するために一時的に形成されるグループのことである。あるいは業務上のミッションと言い換えたほうがわかりやすいかもしれない。

それに対し、チームは特定のプロジェクトに参加している従業員のグループを指す。プロジェクトとチームは一致するケースがほとんどであるが、プロジェクトが完了した後も同じチームで新しいプロジェクトに参加することがある。日本企業で言えば、部署がチームであり、その部署でいくつかのプロジェクトを実施し、場合によっては複数の部署や、一部の部署のメンバーのみが関与するプロジェクトも存在するということである。したがって、一応は両者を区別しておくほうが理解しやすいだろう。

各チームは、プロジェクトに必要なスキルや知識をもつメンバーで構成され、プロジェクトの目標達成に向けて協働する。

チーム内の意思決定は非常に分散化されている。チームメンバーは、自らが担当するタスクに責任をもち、そのタスクに関連する意思決定は担当者に委ねられる。チーム全体の意思決定については、コンセンサスによる決定が行われる。チームメンバーは自らの意見や提案を述べ、議論を通じて合意形成を図る。合意形成が難しい場合には、プロジェクトリーダーや意思決定事項に最も精通したメンバーが決定する場合もある。

しかし、同社では合意形成が重視されており、最終的な合意形成に向けて可能なかぎり努力することが企業文化になっている。このチーム内での意思決定やプロジェクトの進捗状況は、全社で共有されることになる。

同社のプロジェクトリーダーは、命令権や管理権限をもっていない。リーダーの主な役割は、チーム内での役割分担や作業の調整、あるいは、チーム内でコンフリクトが発生した場合の調停になる。また、チームの成果や進捗状況を定期的に評価し、チームメンバーにフィードバックを提供する。これらはメンバーの自律性と責任を尊重したものであり、強制や命令などは一切ない。

チームメンバーの業績評価も独自の方法で行われる。従業員のセルフマネジメントが基本になっており、上司もいないため、業績評価は主にチーム内でのフィードバックや対話にもとづいて行われる。具体的には、360度フィードバックや、従業員がプロジェクトやタスクに対して自ら設定した目標の達成度や貢献度が評価の重要な指標となる。また、チーム全体での目標達成やプロジェクトの成功に対する貢献も、業績評価の対象となる。

優れたリーダーは組織のグリップを手放す

しかし、このような自律的なプロジェクト・ベースの組織の場合、組織全体として業務の抜けや隙間が生じ、業務遂行が非効率になる可能性も否定できない。この問題に対しては、主にチームの柔軟性で対処している。つまり、自己組織化されたチームは、必要に応じて役割や責任を柔軟に変更し、それによって業務の抜けや隙間に対処しているのである。したがって、各従業員は、一人で複数役を担う必要もでてくる。これはまさに第十計で論じた柔・剛の往復運動として解釈することができるだろう。

このようなセルフマネジメントを極度にまで追求したバルブ・コーポレーションでは、従業員の実際の行動は自律的なものになる。従業員は状況を観察し、その情勢判断をもとに迅速に行動しなければならない。何かを決定して命令する上司はいないからだ。

その結果、たとえば、市場のトレンドやユーザーフィードバックをリアルタイムで捉え、それにもとづいて新しいゲームの開発や既存ゲームのアップデートを行うことができる。

同社のプロジェクトには当然ながら計画や目標が存在する。しかし、その計画の細部は担当するチームメンバーに委ねられる。メンバーは自律的に計画し、変更し、行動していく。つまり、何かを観察し、それに反応していく。このような臨機応変の行動は、このセルフマネジメント型組織が機能するためには必須の条件になっている。つまり、

「命令がないために臨機応変の行動をとらざるを得ない」


セルフマネジメントが基本であるとすれば、同社のトップマネジメントの役割はどのようなものになるのだろうか。それは、基本的にプロジェクトリーダーと同じであり、ただその対象がプロジェクトから全社へと拡大しているにすぎない。

トップは組織全体の目標やミッションを設定し、複数のチームやプロジェクト間の調整や調停を行い、組織全体の効率性と一貫性を確保する。また、組織全体の業績や成果を定期的に評価し、従業員やチームにフィードバックを提供する役割を果たす。

トップマネジメントは、組織全体の方針や目標を決定する権限をもっている一方で、従

業員の具体的な仕事について命令することはできない。トップマネジメントは命令するのではなく、組織のグリップを手放し、従業員一人ひとりのセルフマネジメントに委ねている。そのことが臨機応変の行動、柔弱の効力の発揮を可能にしている。

すなわち、「優れたリーダーは組織のグリップを手放す」のである。

おわりに

老子の思想の特徴として「無為自然」という言葉が言及されることが多い。しかし、「老子道徳経」には「無為自然」という言葉は出てこない。これは「荘子」でも同じであり、老荘思想イコール無為自然というとらえ方は必ずしも正しくない。面白いことにこの「無為自然」が確認できる最も古い文献の1つが儒家書である「荀子」であり、これは老荘思想を攻撃するために、否定的に用いられた言葉になる。

あえて無為自然に近い言葉を取り上げるとすれば、それは第一計で述べた「道法自然」になる。本書では、「自ずから然り」「自ら然り」を意味する「自然」を「勢い」として解釈した。したがって、道から発生した静かなるプロセスは、それ自体の勢いにしたがって展開していくため、道の立場からすると、その勢いの展開にしたがうしかない。道がプロセスに指示を与えたり、介入したりすることはない。これが「道法自然」の意味するところであり、経営としてとらえるならば、これはセルフマネジメント型経営を意味する。

老子にみられる多くの逆説的表現、パラドクスは、この自然の勢いの展開、すなわち静かなるプロセスの循環性に由来する。本書では、それを振り子運動として比喩的にとらえた。この比喩では、前進することは終点への到着およびそこからの逆行のタイミングを早めることになるため、進歩則退歩というパラドクスが導かれることになる。

このような循環性をもつ自然の勢いである静かなるプロセスに直面し、リーダーは基本的には何もしない。ただ自然の勢いの展開にしたがうのみである。ただし、球が山上から転げ落ちるように、山の傾斜を変えることで勢いをある程度操作することが可能になる。つまり、形によって勢いに影響を及ぼすことができる。

ビジネスの領域でそれに相当するのがプラットフォームであり、この形によって勢い、すなわちレバレッジを生み出すことができる。したがって、何もしないリーダーは、ただこのプラットフォームの構築に集中する。

この静かなるプロセスは、小説家、アルベーユ・カミュによって紹介された「シーシュポスの神話」と似ているかもしれない。ギリシャ神話に登場するシーシュポスは、神々の怒りを買い、その罰として、巨大な岩を山頂まで運び上げ、その岩がたえず転がり落ちていくことに耐え、その作業を永遠に繰り返すことを余儀なくされた。

万物は無に帰するとは、岩が転がり落ちていくことであり、無における創造とは、岩を山の頂上まで運んでいくことに該当する。

しかし、老子はこのような苦難の道を決して想定していない。振り子が終点に向けて運動している順行のときには、その勢いを活用し、軌道から逸脱しないように注意する。基本的には勢いに乗るだけでよい。それは時に順応するという意味で「時順」と表現できるだろう。

一方、振り子が反転し逆行となれば、流れに逆らわずに雌伏し、順行に転じるまで待ち続けることが求められる。これは「時熟」、すなわち時が熟するのを待つことにほかならない。

この振り子運動が減衰し、停止すれば、そこから新たな運動を模索しなければならない。それはシーシュポスのように力技で巨大な岩を運び上げることではない。むしろ、微かな兆候を感知し、それを徐々に拡大していくことが求められる。それにはとらわれのない自由な心の働きが必要となる。これは「時游」、すなわち「時に游ぶこと」と表現できる。

静かなるプロセスは、このように段階によって「時順」「時熟」「時游」と異なる態度が求められる。そして、これらに共通するのは、苦難ではなく容易さの称賛である。やさしいこと、小さなことのみに手をつけ、過少の効果を狙う。

セルフマネジメントのリーダーに求められるのは、巨大な岩を山頂に運び上げるような英雄的行為ではなく、身近に生じるものを受け止め、それに反応していくことだ。形の構築はする。

しかし、形が完成すれば後は「何もしない」のである。

謝辞

私は経済学、経営学、心理学の領域で学際的に研究することを志している研究者であり、中国思想や老子の専門研究者ではない。そのため、本書は老子の学術研究書として執筆したものではない。専門の研究者というよりも、一般の幅広い読者層に関心をもっていただき、世間に埋もれている老子の叡智を知っていただき、その教えの一部でも活用していただければとの思いで執筆した。ただ私は中国思想の専門家ではないものの、個人的には中国思想、特に老子や陽明学に強い関心をもち続けている。

これまでにこれらの分野で一流の方々に直接ご指導を受ける機会に恵まれてきた。そのなかにはすでにお亡くなりになっている先生方が大半であり、お一人おひとりお名前に言及することは避けるが、ここで感謝申し上げたい。

また、本書とは直接的には関係をもたないが、陽明学や儒教全般については、福岡女学院大学名誉教授の難波征男先生とこれまで数十回におよぶ勉強会を開催しており、そこで多くのことを学ばせていただいた。特に陽明学は現在では誤解されて伝わっており、その意味するところを正確に伝え、実践に生かしていくことが大切だと痛感している。老子が創造・破壊の循環モデルであるとすれば、論語や陽明学は一定の秩序のなかでの循環モデルとしてとらえられる。決して両者は矛盾するものではなく、論語・陽明学の領域でも本書のようなものを執筆できればと希望するが、なかなか出版企画が通らないのが悩みである。

また、数年前にチェット・リチャーズの著書『ＯＯＤＡ　ＬＯＯＰ』を翻訳する機会があり、その著書やご本人とのいくつかの実際のやり取りを通じて、ＯＯＤＡループについて学び、老子と孫子、そしてジョン・ボイドの説く機動戦略やＯＯＤＡループが一本の流れでつながっていることが判明した。

本書が老子を孫子の形勢論から解釈する直接のきっかけになったのは、この翻訳作業を通じてであり、老子の教えは機動戦略を通じて現代の軍事や企業経営の領域に生かされていることを確認することができた。残念ながら、本書でＯＯＤＡループの話を出すと、内容的に脱線することになるので述べることを差し控えたが、セルフマネジメント型経営を実践するには、ＰＤＣＡではなくＯＯＤＡの適用が必要不可欠であることをここで強調しておきたい。

現代経営学研究所（ＲＩＡＭ）で開催した老子輪読会やＷＥＢ経営学講座ＷＡＴＮＥＹ「戦略としての老子を学ぶ――道にしたがった戦略的決断とは――」では、参加者の方々には毎回活発な議論をしていただき、私自身大いに学ぶところがあった。

また、「はじめに」で述べたように、本書の第一稿を読み、フィードバックをしていただいた神戸大学のＭＢＡ生（または卒業生）である今井佐知子、荻窪輝明、勝栄太、金谷隆太朗、佐藤美鈴、薮内良昌の各氏にも感謝申し上げたい。また、本書の一部の章については数十名のＭＢＡ生から感想を聞かせていただいた。ここでお一人おひとりのお名前を掲載することはできないが、かれらのご協力についても感謝申し上げたい。

言うまでもなく、本書の内容については私のみが責任を負うものである。

原田　勉

【著者紹介】
原田　勉（はらだ　つとむ）
神戸大学大学院経営学研究科教授。1967年京都府生まれ。スタンフォード大学Ph.D.（経済学博士号）、神戸大学博士（経営学）。神戸大学経営学部助教授、科学技術庁科学技術政策研究所客員研究官、INSEAD客員研究員、ハーバード大学フルブライト研究員を経て、2005年より現職。専攻は、経営戦略、イノベーション経済学、イノベーション・マネジメントなど。大学での研究・教育に加え、企業の研修プログラムの企画なども精力的に行っている。主な著書・訳書に、『OODA Management（ウーダ・マネジメント）』（東洋経済新報社）、『イノベーション戦略の論理』（中央公論新社）、『OODA LOOP（ウーダループ）』（訳・解説、東洋経済新報社）、『「価値」こそがすべて！』（訳、東洋経済新報社）、*Economics of an Innovation System*（Routledge）などがある。

著者HP：https://strategy-ooda.com/wordpress/

戦略書としての老子
ビジネスという戦場の攻略法

2025年4月8日発行

著　者――原田　勉
発行者――山田徹也
発行所――東洋経済新報社
〒103-8345　東京都中央区日本橋本石町 1-2-1
電話＝東洋経済コールセンター　03(6386)1040
https://toyokeizai.net/

装　丁…………竹内雄二
D T P…………アイランドコレクション
イラスト…………TRAVAdesign
印刷・製本……丸井工文社
編集担当………水野一誠
　Printed in Japan　ISBN 978-4-492-53477-9